ニュートン式
超図解

最強に面白い!!

心理学

はじめに

　勉強や恋愛，仕事でいい結果を出したい！　誰でも一度は，そう思ったことがあるのではないでしょうか。もちろん，すべてをかなえてくれる魔法のような方法はありません……。でも，よりよい結果を出すために，参考にすべき学問があります。それが，心理学です。

　心理学は，人の心のしくみを，科学的な方法で理解しようとする学問です。人の心は，どんなときに勉強をしたくなりやすいのか，どんなときに人を好きになりやすいのか，そしてどんなときに仕事を引き受けてくれやすいのか。事前に知っておけば，きっと役に立つと思いませんか？

　本書は，心理学の基本から，日常生活で役立つ実践的な内容まで，幅広く紹介した1冊です。“最強に”面白い話題をたくさんそろえましたので，どなたでも楽しく読み進めることができます。Part1の「最強の教科書」とPart2の「最強の実践ガイド」，どちらから読んでもかまいません。どうぞお楽しみください！

ニュートン式
超図解 最強に面白い!!

心理学

2. 日常生活で役立つ心理学

3. ストレス対処に役立つ心理学

1. 心の科学、それが心理学

心理学は，人の心のしくみを，科学的な方法で理解しようとする学問です。その中には，基礎的なものから実践的なものまで，さまざまな分野があります。第1章では，心理学とはどのような学問なのか，じっくりみていきましょう。

「基礎」から「実践」まで, 心理学の対象は幅広い！

個人的か社会的か, 基礎的か実践的か

心理学には数多くの分野があります。 右の図は, 主な心理学の分野について, 心理学全体における位置づけを示したものです。下にあるものほど個人を対象とする分野で, 上にあるものほど集団や社会を対象にする分野です。また, 左にあるものほど基礎的な分野で, 右にあるものほど応用的で実践的な分野です。

研究に用いられる手法で区分することもある

右の図にあげた分野のほかにも, 人の心のはたらきは進化の過程で獲得されたものであると考える「進化心理学」や, 人が置かれた環境と心の関わりを重視する「環境心理学」などがあります。また, 研究に用いられる手法で心理学を区分することもあり, たとえば実験を使った心理学はまとめて「実験心理学」とよばれます。

このように今日の心理学は, さまざまな角度から, 人の心のはたらきと行動の関係を科学的に明らかにしようとしているのです。

心理学マップ

主な心理学の分野が，どのような位置にあるかを示した図です。
下にあるものほど個人的で，上にあるものほど社会的です。左
にあるものほど基礎的で，右にあるものほど実践的です。円で
囲んだ五つの分野は，とくに研究者の数が多い分野です。

注：図は，書籍『心理学って何だろう』（著／市川伸一，北大路書房，2002年発行）の図
を参考に作成しました。

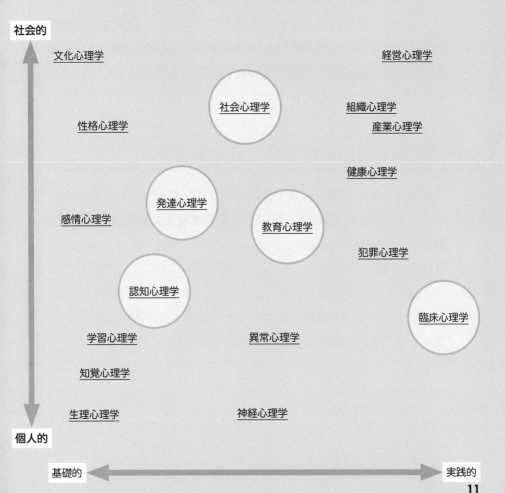

2 科学的でなければ, 心理学とはいえない

心理占いや読心術は, 心理学とは区別される

「心理学」と聞いて, 心理占いや読心術を思い浮かべる人も多いのではないでしょうか。あるいは, 人の心をあやつる「マインドコントロール」を連想する人もいるかもしれません。しかし, 心理占いや読心術, マインドコントロールとよばれるものの多くは, 大学で学んだり研究したりする心理学とは区別されます。それでは, 心理学とは, いったいどのような学問なのでしょうか。

だれもがもつ心のはたらきをとらえる

心理学とは, 人間の心理や行動に関する法則を明らかにしようとする学問です。このとき, 科学的な方法を使ったものでなければ, 心理学とはよべません。たとえば, 心理占いや読心術は, ほとんどが科学的な方法ではなく, 個人の主観や思いこみにもとづくものです。こうしたものは, 心理学とはよべないのです。

だれもがもつ心の普遍的なはたらきをとらえることを基礎として, ひとりひとりの個性をも理解しようとするのが, 心理学なのです。

心理学のシンボル

心理学は，英語で「Psychology」（サイコロジー）といいます。Psychology の語源は，息や心，魂などを意味する，古代ギリシャ語の「Ψυχή」（プシュケー）だといわれます。その頭文字であるギリシャ文字の「Ψ」（プサイ）は，しばしば心理学をあらわすシンボルとして用いられます。

心や魂を意味する「プシュケー」が，
心理学の語源だガー！

データの統計的な分析が，心理学の基礎

科学的な方法でデータを集める

　心理学の条件は，科学的な方法を使った研究であることです。**心理学の研究で用いられる科学的な方法には，「実験法」「観察法」「質問紙法」などがあります。**実験法とは，被験者（対象となる人）や動物にさまざまな刺激を計画的にあたえ，その結果生じる行動を観察するというものです。観察法は，被験者や動物の行動を観察する点は，実験法と同じです。しかし，積極的に刺激をあたえるわけではない点が，ことなります。質問紙法は，被験者に書面でさまざまな質問に答えてもらう方法です。

心理や行動の傾向を，確率的にとらえる

　心理学者は，科学的な方法によって集めたデータを分析し，その結果にもとづいて結論をみちびきます。この分析に欠かせないのが統計学です。人間の心理や行動は，条件に対して一対一で決まるわけではありません。心理学では，ある確率でこうした行動がみられるといったように，心理や行動の傾向を確率的にとらえます。つまり，必ずこうなるなどと断定調に主張しているものは，心理学とはいえないのです。

注：最近は，「被験者」ではなく，「研究参加者」あるいは「研究協力者」とよびます。

心理学の研究

　心理学の研究では，実験法や観察法などの科学的な方法によって，データを集めます（1A，1B）。そして集めたデータを，統計学を使って分析します（2）。

1A. 実験法
さまざまな刺激や条件を被験者にあたえ，その行動を観察することで，どのような刺激や条件が行動の変化をもたらしやすいのかを調べます。

1B. 観察法
特定の刺激や条件をあたえずに，被験者の自然な行動を観察します。「発達心理学」では，乳幼児や子供の観察が，広く取り入れられています。

2. 統計学を使った分析
実験法や観察法などで集めたデータを，統計学を使って分析し，人間の行動のばらつきぐあいを調べます。そうした分析を通じて，「ある状況に置かれた人は，何％の確率でこうした行動をする」というような結論が求められます。

4 1879年，心理学は感覚の研究から誕生した

人間の感覚が，実験を通じて数値化された

かつて心は，哲学の研究対象でした。心のはたらきを科学的な方法で探究しようとする心理学が誕生したのは，19世紀のことです。そのきっかけの一つとなったのが，ドイツのライプツィヒ大学解剖学教授のエルンスト・ヴェーバー（1795〜1878）による，感覚の研究でした。ヴェーバーの研究は，ライプツィヒ大学物理学教授のグスタフ・フェヒナー（1801〜1887）に引きつがれ，刺激と感覚の対応関係を数式であらわす「ヴェーバー・フェヒナーの法則」が発見されました。人間の感覚が，実験を通じて数値化されたのです。

心のはたらきも，実験を使えば数値化できる

フェヒナーらの研究に影響を受けたのが，ライプツィヒ大学哲学教授だったヴィルヘルム・ヴント（1832〜1920）です。ヴントは，意識や感情などの心のはたらきも，実験を使えば数値化できると考えました。そして1879年，世界ではじめての「心理学実験室」を開きました。これが，近代的な心理学の誕生とされています。

ヴントは，原子が結びついて物質になるように，意識などの心のはたらきも多くの要素で構成されていると考えました。ヴントのこうした立場は，「要素主義」あるいは「構成主義」とよばれます。

ヴェーバーの実験

ヴェーバーの実験の一例を，模式的にえがきました。この実験から，変化に気づくのに必要な刺激の最小量は，基準となる刺激の大きさに比例することがわかりました。

A. 基準が100グラムのとき

基準：100グラム　　　　　　　　　　102グラム

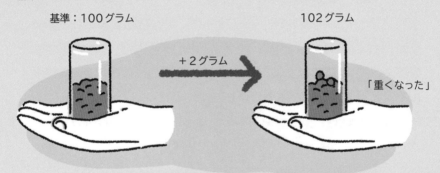

+2グラム →

「重くなった」

基準が100グラムのとき，
「2グラム」ふえると変化に気づく。

B. 基準が200グラムのとき

基準：200グラム　　　　　　　　　　204グラム

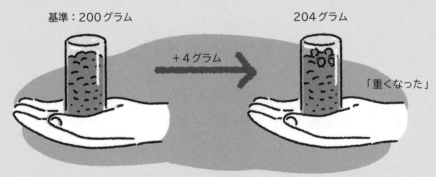

+4グラム →

「重くなった」

基準が200グラムのときは，
2グラムではなく，「4グラム」
ふえると変化に気づく。

17

5 有名な実験,「パブロフの犬」と「アルバート坊や」

客観的に観察できる,「行動」のみを重視すべき

　ヴントは,被験者の心の状態を知るための方法として,「内観」を用いました。内観とは,被験者自身による自己観察のことです。これに対してアメリカの心理学者のジョン・ワトソン(1878 ～ 1958)は,内観ではなく,はっきりと客観的に観察できる「行動」のみを重視すべきだと主張しました。ワトソンのこうした立場は「行動主義」とよばれ,20世紀前半の心理学の主流になりました。

音という刺激と,唾液が出る反応が結びついた

　ワトソンに影響をあたえたのは,ロシアの生理学者のイワン・パブロフ(1849 ～ 1936)が行った,「パブロフの犬の実験」です(右のイラスト)。えさをあたえられる直前にメトロノームの音を聞かされることをくりかえされた犬は,やがて音だけで唾液を出すようになりました。つまり,音という刺激と唾液が出るという反応が結びついたのです。これを「条件づけ」といいます。

　構成主義では,心とは要素どうしが結びついたものであると考えます。ワトソンは,条件づけを基本とする「学習」こそが,結びつきをつくると考えました。1920年には,「アルバート坊や」の実験を行い,条件づけによる学習が人間でもおきることを示しました[1]。

※1：アルバート坊やの実験は,当時も物議をかもしました。もちろん現在では,こうした実験は,倫理的に許されるものではありません。

条件づけの実験

パブロフの犬の実験（A）と，アルバート坊やの実験（B）をえがきました。条件づけによる学習で，新しい行動が生じることが示されました。

A. パブロフの犬の実験

1

えさをあたえると唾液が出る

2

えさをあたえる直前に
メトロノームの音を聞かせる

3

メトロノームの音を聞いただけで
唾液が出るようになる

B. アルバート坊やの実験

1

はじめは白ネズミを見てもこわがらない

2

白ネズミに手をのばしたときに
大きな音を聞かせてこわがらせる

3

白ネズミを見ただけで
こわがるようになる

 6 心のはたらきは，環境全体によって生じる

ドイツで生まれた，「ゲシュタルト心理学」

アメリカで行動主義の心理学がさかんになったころ，ドイツでも心理学の新しい潮流が生まれました。「ゲシュタルト心理学」です。 ヴントの構成主義では，心のはたらきは多くの要素が足しあわされたものだと考えました。ゲシュタルト心理学は，その構成主義への反論として20世紀初頭に登場しました。

ゲシュタルト心理学

ゲシュタルト心理学で研究された，図形の例をえがきました（1～3）。1の図形は，左右の輪郭に注目すると，横顔が見えてきます。2の図形は中央に三角形が，3の図形は中央に球があるように感じられます。

1. つぼ

要素の単純な合計では，説明がつかない

　ゲシュタルト（Gestalt）は，ドイツ語で「かたち」という意味です。右ページ下のイラスト2をみると，3個の図形だけでなく，中央に三角形があるように感じられます。**このように心のはたらきは，要素の単純な合計では説明がつかず，要素の置かれ方を含む環境全体によって生じると，ゲシュタルト心理学では考えます。**

　ゲシュタルト心理学は，ナチスドイツの台頭にともない，衰退しました。しかしその成果は，知覚を対象とした「認知心理学」に受けつがれました。また，個人の心理だけでなく，個人が置かれた社会や環境にも目を向ける「社会心理学」の源流にもなりました。

2. 切れこみが入った三つの円　　　　　　3. 多数の円錐

心理学の３巨人

心理学と聞いて，フロイト，ユング，アドラーを思い浮かべる人も多いのではないでしょうか。3人は，精神科医として，治療のための「精神分析」という理論をつくりました。

オーストリアのジークムント・フロイト（1856〜1939）は，無意識に着目した最初の人物です。スイスのカール・グスタフ・ユング（1875〜1961）とオーストリアのアルフレッド・アドラー（1870〜1937）は，フロイトが設立した「ウィーン精神分析協会」の初期メンバーで，当初3人はそろって無意識の研究に打ちこみました。

ところがユングとアドラーは，人の行動や神経症の原因が無意識な「性的衝動」にあると考えるフロイトと意見が対立し，フロイトのもとを去りました。ユングは，無意識には「個人的無意識」と「普遍的無意識」があると想定しました。一方アドラーは，個人の心理が社会環境に影響を受けることや「劣等感」の視点を主張した，「個人心理学」を創始しました。こうして3人は，それぞれ独自の心理学を構築したのです。

心理学の祖，ヴント

1879年、ライプツィヒ大学に世界初となる実験心理学の研究室をもつ

ドイツで生まれ育ったヴィルヘルム・ヴント（1832〜1920）

当時、心理学は哲学の分野の一つだった

大学でヴントは哲学の教授だった

そのため実験心理学は「新心理学」ともよばれた

実験心理学では心理を哲学的なものとしてではなく科学的に実証可能なものとしてとらえた

実験室で被験者に特定の条件をあたえそのときの意識をふり返ってもらう「内観法」が生まれた

具体的には生理学の研究方法を応用。「実験」と「観察」で心理を分析した

疲れ知らずの勤勉家

ヴントは
おだやかで勤勉
ときに頑固な
教師だった

学生のテストや
レポートの採点には
とても厳しかった

何も見ずに
何時間も低い声で
しゃべり通す講義は

学生にとって
楽しい講義ではなかった

またヴントは
88年の生涯で

約500冊
合計5万ページもの
著作を残した

一説には
あまり大学の給料が
よくなかったため

本を出すことで
お金をかせいでいた
ともいわれる

MONEY

― 認知心理学：心のしくみを探る ―

7 人の体は装置，心はソフトウェアと考える

心のしくみを，「モデル化」する

　心とは，何なのでしょう。1950年代，コンピューターの発展にともない，新しい考え方の心理学が誕生しました。人の体を装置ととらえ，人の心を装置にそなわったソフトウェアだと考える，「認知心理学」です。私たちの感情や，注意力，記憶，思考などは，感覚器官を通じて得た情報を，心というソフトウェアで判断した結果生じるものです。認知心理学では，実験などによって，ソフトウェアである心のしくみを，「モデル化」することが重視されています。

心は，どのように記憶を引きだすのか

　たとえば，まず数字のリストを記憶し，しばらくあとに提示された数字がリストにあったかどうかを判定するという実験を考えましょう。このとき，私たちの心はどのようにして記憶を引きだすのでしょうか。提示された数字を，記憶のリストにある数字と一つずつ順番に照合するのでしょうか，それとも，記憶のリストにある複数の数字と一度に照合するのでしょうか（結論は右のイラスト）。このように，記憶を引きだすという単純な行為に関する心のはたらきに対しても，さまざまなモデルを考えることができるのです。

記憶を引きだす実験

　実験で，被験者に数字のリストを見せたあと，あらためて提示した数字がリストの中にあったかどうかを判断してもらいました。リストの数字の個数が多くなるほど判断に時間がかかったことから，記憶のリストにある数字と一つずつ順番に照合しているという結論が得られました。

あらかじめ見せた
リストにあった数字

提示された数字

— 認知心理学：心のしくみを探る —

8 未知の神経細胞の存在を 予言！ 心のモデル化

文字を認識する「パンデモニアムモデル」

　私たちが紙に書かれた文字の内容を理解できるのは，視覚情報から，文字の情報を抜きだすことができるからです。**このときの心のはたらきとして，「パンデモニアムモデル」が知られています。**パンデモニアムモデルでは，文字を認識する際に，四つの段階があると考えます（下のイラスト）。

パンデモニアムモデル

パンデモニアムモデルにもとづいて，Eという文字が認識されるまでの四つの段階をえがきました（1〜4）。各段階の情報処理をになう仮想的な存在は，「デーモン」（悪魔）と名づけられています。

2. 特徴デーモンのうち，画像と特徴が共通しているものほど大きく反応（反応の強さをオレンジ色で表現）

活性化した特徴デーモン ——

1. イメージデーモンが視覚情報を画像として認識

特徴デーモン ——

視覚情報

モデルと似たしくみが，脳に存在していた

　パンデモニアムモデルは，文字を認識する際の心のしくみをモデル化したものにすぎません。しかし，その後の脳科学の発展によって，特定の傾きをもつ線などの基本的な図形に反応する神経細胞（ニューロン）がみつかりました。パンデモニアムモデルで考えられていたしくみと似たしくみが，脳に存在していたのです。

　このように，モデルをもとに心のしくみを理解しようとする心理学の試みが，未解明の脳のしくみを予言することもありえます。近年では，脳科学と心理学が融合することで，脳の機能や人の心についての研究が飛躍的に進んでいます。

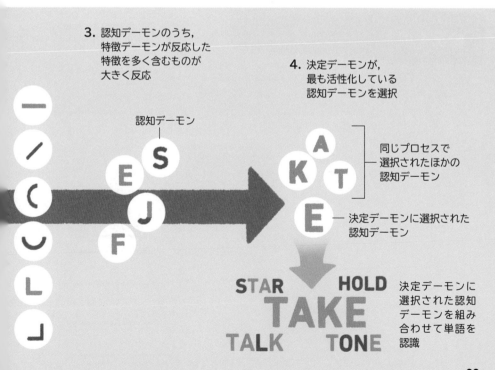

3. 認知デーモンのうち，特徴デーモンが反応した特徴を多く含むものが大きく反応

4. 決定デーモンが，最も活性化している認知デーモンを選択

認知デーモン

同じプロセスで選択されたほかの認知デーモン

決定デーモンに選択された認知デーモン

決定デーモンに選択された認知デーモンを組み合わせて単語を認識

STAR　HOLD
TAKE
TALK　TONE

— 認知心理学：心のしくみを探る —

9 眼に見える世界は，実は心が つくりだしたもの

心が視覚情報を処理している

　　眼は二つあるのに，私たちに見える世界は一つです。これは，私たちの心（脳）が，眼という感覚器官から得た視覚情報を処理した結果だといえます。**そう考えると，私たちが認識している世界は，それぞれの心がえがいた，仮想的な世界だといえるのかもしれません。**左ページ下の「ミュラー・リヤー錯視」や「ポンゾ錯視」は，心

錯視その1

　左ページに，ミュラー・リヤー錯視（1）とポンゾ錯視（2）をえがきました。右ページは，何かが写っている画像（3）です。何が写っているのか，探してみてください（答えは38ページの下端）。

1. ミュラー・リヤー錯視

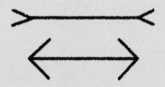

2. ポンゾ錯視

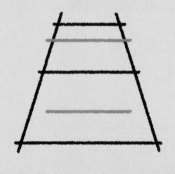

が周囲のようすから無意識に直線の長さを判断した結果生じます。

気がつく前後で，注意の向け方がことなる

　　右ページ下の画像には，何か（以下X）が写っています。一度気が
つけば，いつ見ても，Xはすぐに見えるはずです。このちがいは，X
に気がつく前後で，注意の向け方がことなるために生じます。私た
ちの心の中では，何も知らない状態では，視界に入ってきたさまざ
まな情報を積み上げて判断する「ボトムアップ型」の情報処理が行わ
れます。一方，Xが写っていることを知っている状態では，Xの要素
を見つけようとする「トップダウン型」の情報処理が行われます。人
間の知覚は，一般的には，ボトムアップ型だと考えられています。

3. 何かが写っている画像

1のミュラー・リヤー錯視では，同じ長さの水平な直線の両端に，斜めの線が加えられています。水平
な線の長さはどちらも同じなのに，下の線のほうが短く見えます。2のポンゾ錯視では，奥行きが感じ
られる図の上に2本の同じ長さのオレンジ色の直線がえがかれています。手前にあるように見える下の
線よりも，奥にあるように見える上の線のほうが，長く感じられます。

— 認知心理学：心のしくみを探る —

10 人はみな，心に共通の「くせ」をもつ

心は，コンピューターほど正確ではない

　認知心理学では，人の心をコンピューターのソフトウェアのようなものだととらえます。しかし，心のはたらきは，コンピューターほど正確ではありません。心には，さまざまな「くせ」があるのです。錯視は，心のくせをうまく利用したものです。認知心理学の発展にともない，私たちの心のくせが，次々とみつかりました。

錯視その2

1. チェッカーシャドー錯視

チェッカーシャドー錯視（1）と，斜塔錯視（2）をえがきました。脳が視覚情報を勝手に補完することで，不思議な見え方をします。

AとBのタイルは，同じ明るさです。AとBの周囲を紙などでかくしてみると，同じ明るさであることがわかります。

明るさが変化しても，同じものだと判断できる

　左ページ下のイラストでは，AとBのタイルの明るさがことなっているように見えます。しかし実は，二つのタイルの明るさは，印刷上まったく同じです。この錯視は，脳が，「Bは暗く見えるけれど，もともと白いタイルであるはず」と判断することでおきるのです。

　たとえ目の前の物体の明るさが変化しても，私たちはそれが同じものだと判断できます。眼に入ってきた光の情報が変わろうとも，私たちの心はつねに観測対象を同じものだと知覚できるのです。このような現象を，「知覚恒常性」といいます。**形や大きさ，色，明るさなど，さまざまな知覚には，恒常性があるとされています。**

2. 斜塔錯視

左の塔よりも，右の塔のほうが，大きく傾いているように見えます。しかし実は，左右のイラストは，同じものです。遠近感のある画像では，平行な2本の直線を遠くにのばすと，1点でまじわります。この点を「消失点」といいます。二つの画像には，本来，画像ごとに消失点があります。しかし二つの画像を並べると，二つの画像が同じ消失点をもつはずだと脳が判断してしまい，錯覚がおきます。

― 認知心理学：心のしくみを探る ―

11 心のモデルから，記憶のしくみがわかってきた

感覚記憶は，たった0.5秒程度の記憶

「記憶」も，認知心理学の研究対象です。記憶は，保持される時間に応じて，「感覚記憶」「短期記憶」「長期記憶」の3種類に分かれていると考えられています。これを「多重記憶モデル」といいます。

感覚記憶は，感覚器官からの刺激で生じる，たった0.5秒程度の記憶です。その感覚記憶が，選抜されて脳の海馬という部位に送ら

記憶のモデル

左ページに多重記憶モデル（1），右ページに階層的意味ネットワークモデル（2）をえがきました。

1. 多重記憶モデル

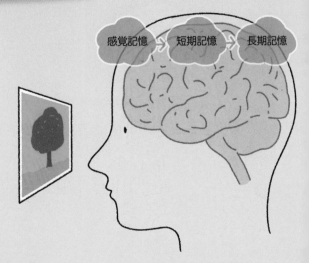

眼からの刺激で生じた感覚記憶が，短期記憶を経て長期記憶になる過程のイメージです。

れると，数十秒程度の短期記憶になります。そして短期記憶が頭の中で復唱されるなどすると，安定した長期記憶となるのです。

記憶は，複雑な階層構造で保存される

　短期記憶や長期記憶は，さらに細かく分類されることがあります。いわゆる知識は「意味記憶」，経験した出来事の記憶は「エピソード記憶」，体の動かし方の記憶は「手続き記憶」とよばれ，記憶の種類によって保存される脳の部位がことなると考えられています。

　このように記憶は，複雑な階層構造で保存されることがわかってきました。**これは，認知心理学の発展にともない，記憶に関するさまざまなモデルの検証が積み重ねられてきた結果だといえます。**

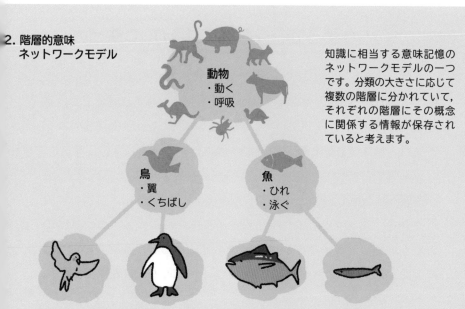

2. 階層的意味
　ネットワークモデル

知識に相当する意味記憶のネットワークモデルの一つです。分類の大きさに応じて複数の階層に分かれていて，それぞれの階層にその概念に関係する情報が保存されていると考えます。

動物
・動く
・呼吸

鳥
・翼
・くちばし

魚
・ひれ
・泳ぐ

インコ
・さえずる
・ペットとして
　飼育される

コウテイペンギン
・飛べない
・南極にいる
・首まわりが黄色い

クロマグロ
・泳ぎつづける
・おいしい

マイワシ
・小さい
・巨大な群れをなす

— 認知心理学：心のしくみを探る —

12 損するのはいやだ！ 経済活動にひそむ心理

確実に＄240もらうか，25％で＄1000もらうか

認知心理学では，「思考」も研究の対象にします。

たとえばあなたなら，選択肢ＡとＢのどちらを選びますか？　Ａは「確実に240ドルをもらえる」，Ｂは「25％の確率で1000ドルをもらえる」です。アメリカの認知心理学者のダニエル・カーネマン（1943〜　）らが行った調査では，被験者の84％がＡを選びました。大多数の人が，低額でも確実に得するほうを選んだのです。

確実に＄750失うか，75％で＄1000失うか

では，選択肢ＣとＤではどうでしょう。Ｃは「確実に750ドルを失う」，Ｄは「75％の確率で1000ドルを失う」です。調査では，被検者の87％がＤを選びました。大多数の人が，25％の可能性があるなら，リスクを犯してでも損だけはさけたいと考えたのです。

カーネマンらは，さまざまな実験結果を分析して，「プロスペクト理論」という心理モデルをつくりました。それは，人は損のインパクトを，得のインパクトの約2.25倍強く感じてしまうというものです。そしてカーネマンは，経済活動にともなう人間の心理を重視した，新しい経済学を提唱しました。それが，「行動経済学」です。

プロスペクト理論

プロスペクト理論の概要を示すグラフをえがきました。ある金額だけ得したときの心理的なインパクトを1とすると，同じ金額だけ損したときの心理的なインパクトは約2.25になります。

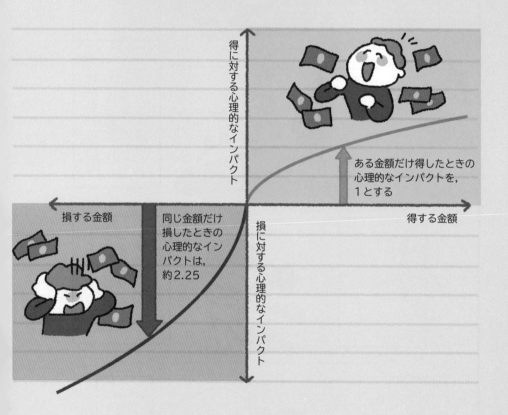

得に対する心理的なインパクト

損する金額

得する金額

損に対する心理的なインパクト

ある金額だけ得したときの心理的なインパクトを，1とする

同じ金額だけ損したときの心理的なインパクトは，約2.25

同じ金額で比較すると，得したときよりも損したときのほうが，心理的なインパクトが大きいんだね。

心はアメリカ人，ナイサー

「認知心理学」の
父といわれる
ウルリック・ナイサー
（1928～2012）は

ユダヤ系経済学者の
父親のもと
ドイツのキールで
生まれる

1933年、一家は
ナチス政権をさけて
ドイツから
アメリカへ渡る

ナイサーは
ドイツ時代のことが
あまり記憶になく
しぜんとアメリカに
なじんでいった

とくにアメリカで
さかんな野球に
夢中になり
野球を生涯愛した

ドイツ人風だった
ファーストネームも

自分で最後の
「h」をとって
英語で発音しやすい
ようにした

31ページの3の画像に写っているのは，紙面の奥を向いたネコのうしろ姿です。

8文字ルール

著書『認知心理学』は
認知心理学の
バイブルといわれる

ナイサーは
さまざまな本を
書いた

ナイサーの文章は
とても
わかりやすいと
評判だった

8文字をこえる
専門的な単語は
できるだけ
使わないという
ルールだった

文章を書くときに
ナイサーが
守っていたのが
「8文字ルール」

学生たちにも
明快な文章スキルを
身につけてほしいと
ナイサーは考えていた

学生たちを
指導するときも
長い用語があれば
円で囲って指摘した

— 発達心理学：子供の心と大人の心 —

13 赤ちゃんは，他人の表情を まねっこできる

大人が笑ったり舌を出したりすると，まねる

人の一生を通じて，人の心がどのように発達し，変化していくのかを研究する心理学を，「発達心理学」といいます。

生まれてわずか数週間の新生児に向かって，大人が笑ったり，舌を出したり，しかめっ面をしてみせたりすると，新生児はその表情をまねることがあります。この現象を，アメリカのワシントン大学心理学教授[1]のアンドリュー・メルツォフ（1950〜　）らは，1977年に「新生児模倣」と名づけました。

模倣のようにみえるだけという意見もある

親などの大人は，表情をまねる新生児を見て，好意的な感情をいだきます。その結果，大人は進んで新生児の世話をするようになります。メルツォフらは，新生児模倣が人間が生まれながらにしてもっている，未熟なコミュニケーション能力であると位置づけました。

発達心理学者たちは新生児模倣に関心をもち，数多くの研究が行われました。その一方で，新生児模倣の一部は，見かけ上模倣のようにみえているだけではないかという意見もあり，現在でも心理学者の間で議論がつづいています。

※1：Job and Gertrud Tamaki 寄付講座

新生児模倣

大人の表情をまねる，赤ちゃんのイメージをえがきました。左から，舌を出す，口を開ける，口をすぼめる表情です。赤ちゃんが大人の表情をほんとうにまねているのだとしたら，赤ちゃんは大人が出した舌を見ただけで，それを自分の舌に対応づけて動かす能力（共鳴動作）をもっていることになります。

新生児模倣は，不思議な現象だ。赤ちゃんは，大人が口から出した舌と，自分の口の中にある舌が，顔の同じ部分であるとは理解をしていないはずなのに，同じ行動をしてしまうのだ。

41

— 発達心理学：子供の心と大人の心 —

14 ピアジェ「子供の心には，四つの発達段階がある」

0 〜 2歳は，外の世界のしくみを探る段階

子供の心は，どのような過程を経て，大人の心に成長していくのでしょうか。**スイスの心理学者のジャン・ピアジェ（1896 〜 1980）は，赤ちゃんから大人に至るまでの心の発達には，四つの段階があると考えました。**0 〜 2歳の「感覚運動期」は，体を動かしながら外の世界のしくみを探る段階です。この段階で獲得する概念

四つの発達段階

ピアジェが提唱した，心の発達の四つの段階をえがきました。イラストの下段が四つの発達段階，上段はそれぞれの発達段階に関連する典型的な課題です。

物の永続性
視界から消えても物が存在しつづけているはずだという物の永続性の認識は，生後10か月ごろに獲得されます。

1

**感覚運動期
（0 〜 2歳）**
自分の体を動かし，身のまわりにある物の存在や，そのしくみを探る段階です。

の一つが「物の永続性」です。物体がたとえ視界から消えても，まだ存在しつづけているはずだと考えることを意味します。

7 〜 12歳は，論理的思考をはじめる段階

　ピアジェは，論理的な思考のことを「操作」とよびました。2 〜 7歳の「前操作期」は，言葉を覚え，ごっこ遊びがみられる段階です。この段階を終えるころには，自分の視点しか知らない自分中心の世界を脱して，他者からの視点も理解できるようになります。7 〜 12歳の「具体的操作期」は，論理的な思考をはじめる段階です。12歳以降の「形式的操作期」に達すると，抽象的な物事についても論理的な思考ができます。これが，ピアジェの考えた四つの段階です。

三つの山課題
子供に三つの山の模型を見せ，「人形からはどう見えるか」をたずねます。視点が変われば，見え方も変わります。向かい側からの視点に立てるのは，7 〜 9歳です。

保存の概念
AとCのどちらの水が多いかを6 〜 7歳以下の子供にたずねると，多くの場合，Cのほうが多いと答えます。別の容器に移しかえても量は変わらないという，「保存の概念」をまだ獲得していないためです。7歳ごろをすぎると，まちがえなくなります。

2

**前操作期
（2 〜 7歳）**
自分中心の世界を脱して，他者の視点にも立てるようになる段階です。

3

**具体的操作期
（7 〜 12歳）**
具体的な物について，論理的な思考ができるようになる段階です。

4

**形式的操作期
（12歳以上）**
抽象的な物事についても，論理的な思考ができる段階です。

― 発達心理学：子供の心と大人の心 ―

15 あっ…。4〜5歳で，他人の心を察することができる

心のはたらきと，行動との関連性

　ピアジェらの影響を受けながら，発達心理学はさらに発展しました。やがて心理学者たちは，「心の理論」とよばれる概念に注目するようになりました。心の理論とは，心のはたらきと，そこからみちびきだされる行動との関連性などについての概念です。心の理論を獲得すると，他者が置かれた立場や状況から，その人の気持ちや考えを察して，その人の行動を予測することができます。

うそも，心の理論によるもの

　人は何歳ごろ，心の理論を獲得するのでしょうか。それを調べるために考案されたのが，紙芝居を子供に見せて行う「サリーとアンの課題」とよばれる実験です（右のイラスト）。ポイントは，ボールがかごから箱へと移されたことをサリーは知らないという状況を，正しく理解できるかどうかです。4〜5歳で心の理論を獲得すると，サリーの考えを察して，かごをさがすと答えられるようになります。

　4〜5歳になると，子供はうそをつくことがあります。実はこれも，心の理論によるものです。こう説明すればしからないはずだと大人の気持ちを想像できるからこそ，うそをつくのです。

サリーとアンの課題

サリーとアンの課題で使う，紙芝居をえがきました（1〜5）。
子供に紙芝居を見せて，5の場面で，サリーがボールをさがす
のはかごか箱かを質問します。サリーはかごをさがすと答える
ことができれば，心の理論を獲得していると考えられます。

1　サリーとアンが，同じ部屋で遊んでいます。

サリー　かご　箱　アン

2　サリーが，ボールをかごにしまいました。

3　サリーが，部屋を出ました。

4　アンが，ボールをかごから箱に移しました。

5　部屋に戻ったサリーがボールを探すのは，かごと箱のどちらでしょうか。

— 発達心理学：子供の心と大人の心 —

16 エリクソン「人の心には，八つの発達段階がある」

心の発達は，生涯つづく

　ピアジェの発達理論は，主に赤ちゃんから大人になっていく過程の心の発達を論じたものでした。これに対して，心の発達は大人になれば終わるのではなく，その後も生涯つづくと主張した心理学者がいます。精神分析を専門とする，アメリカの心理学者のエリク・エリクソン（1902〜1994）です。

　エリクソンの研究をきっかけにして，それまで主に児童を対象にしていた発達心理学は，大人や老後も含めたすべての年齢段階をあつかう分野へと発展していきました。

それぞれの段階に特有の「危機」がある

　エリクソンは，生涯を通じた心の発達過程を，八つの段階に分けました。そして，それぞれの段階には特有の「危機」があり，それを解決していくことがその段階における「課題」であると考えました。なかでも青年期（いわゆる思春期）の課題として，「アイデンティティ」という概念を提唱したことで，エリクソンの名は広く知られるようになりました。

八つの発達段階

エリクソンの考えた, 心の発達の八つの段階をえがきました。
それぞれの発達段階には特有の危機があり, それを解決してい
くことがその段階の課題です。

1

乳児期（0 〜 1 歳ごろ）
危機：不信
課題：信頼

2

幼児期初期（1 〜 3 歳ごろ）
危機：恥
課題：自律性

3

遊戯期（4 〜 6 歳ごろ）
危機：罪悪感
課題：自発性

4

学童期（6 〜 12 歳ごろ）
危機：劣等感
課題：勤勉性

5

青年期（13 〜 18 歳ごろ）
危機：同一性拡散
課題：アイデンティティ

6

前成人期（19 〜 30 歳ごろ）
危機：孤立
課題：親密性

7

成人期（31 〜 59 歳ごろ）
危機：停滞
課題：世代性

8

老年期（60 歳ごろ以降）
危機：絶望
課題：統合性

注：各段階の年齢の幅には,
いくつかの説があります。

注：青年期にアイデンティティ
を実感すると, 前成人期に
親密な関係を形づくること
につながり, 成人期に他者
を育むことができると考え
られています。

— 発達心理学：子供の心と大人の心 —

17 自分はいったい何なの。思春期の悩み

思春期の心理的な課題「アイデンティティ」

　大人の入り口にあたる思春期には，自分とは何であるか，自分がどんな大人になるのか，周囲から自分がどのように見られているのかといったことを強く意識します。そんな思春期（エリクソンの発達段階における青年期）の心理的な課題として，エリクソンが提唱した概念が，「アイデンティティ」です。アイデンティティは，心理学では「自我同一性」と訳されます。**自分とはこういう人間であると自覚でき，かつ現在の自分と将来の自分とが同じ存在であるという実感を得ることが，エリクソンのいうアイデンティティの確立です。**

自分の行いの責任は，将来の自分がとる

　アイデンティティを確立することができれば，10年後，20年後の自分も結局自分であり，自分の行いの責任は将来の自分がとるのだという感覚が生まれるとエリクソンは論じました。

　アイデンティティを確立することができなければ，自分が何者であるのかが見いだせずに不安になり，社会の中で自分を位置づけることができなくなります。これが，エリクソンが青年期に迎える危機だと考えた「同一性拡散」です。また，エリクソンは，青年期を「心理社会的モラトリアム」（猶予状態）の年代と考えました。

アイデンティティ

自分とは何であるかに思い悩むのが思春期です。エリクソンは，思春期の課題として，アイデンティティという概念を提唱しました。

自分とは何なのか，むずかしい問題だガー！

― 発達心理学：子供の心と大人の心 ―

18 マズロー「人の欲求は，5段階に分かれている」

低い欲求が満たされると，高い欲求が生まれる

　人間は，「自己実現」に向かって，たえず成長する。そう考えたのが，人間性の心理学を専門とする，アメリカの心理学者のアブラハム・マズロー（1908 ～ 1970）です。自己実現とは，自分の可能性を最大限に発揮して自分らしく成長したいと思い，なりたいと思う自分になることです。マズローは，人間の欲求が五つの階層からなり，低い階層の欲求が満たされてはじめて，より高い階層の欲求が生まれると主張しました。これは，「欲求5段階説」とよばれます。

最も高い階層が，「自己実現の欲求」

　最も低い階層の欲求は，眠りたい食べたいなどの「生理的欲求」です。それが満たされると，2階層目の「安全の欲求」が生じます。身の安全が確保されているという安心感を求める欲求です。3階層目は，「所属と愛の要求」です。集団に所属することで孤独をさけ，パートナーなどとの親密な人間関係を築きたいという欲求です。これが実現すると，4階層目の「尊重欲求」が生まれます。自分で自分のことを大切に思う，また他者から自分を尊重してもらいたいという欲求です。そしてそれが満たされてはじめて生じるのが，最も高い階層の「自己実現の欲求」だとマズローは考えました。

注：自己実現の欲求は，わがままな欲求ではなく，他者との関係を大切にする欲求です。

欲求5段階説

マズローが提唱した欲求5段階説を，ピラミッドで表現しました。マズローは，より高い階層の欲求は，その下にある欲求が満たされてはじめて生じると考えました。

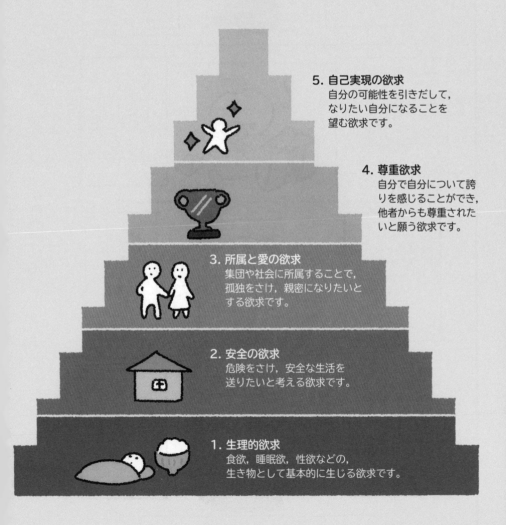

5. 自己実現の欲求
自分の可能性を引きだして，なりたい自分になることを望む欲求です。

4. 尊重欲求
自分で自分について誇りを感じることができ，他者からも尊重されたいと願う欲求です。

3. 所属と愛の欲求
集団や社会に所属することで，孤独をさけ，親密になりたいとする欲求です。

2. 安全の欲求
危険をさけ，安全な生活を送りたいと考える欲求です。

1. 生理的欲求
食欲，睡眠欲，性欲などの，生き物として基本的に生じる欲求です。

発達心理学の父、ピアジェ

発達心理学の創始者のひとりジャン・ピアジェ（1896～1980）が研究をはじめたころ

乳幼児は能力がなく受動的な存在だと思われていた

ピアジェは3人の子育てを通じて子どもの知的発達を身近に観察しながら

子どもたちが「実験」と「観察」をくりかえして能動的に知識や能力を得ていくことを発見した

1955年には発生的認識論国際センターを設立

さらに精力的にさまざまな分野と共同研究を重ね20世紀に大きな影響をのこした

20世紀の偉人アインシュタインもピアジェをこう評している

「むずかしい理論をもっとも単純に示す天才だ」

生き物大好き

ピアジェは
スイスのヌーシャテルで

大学教授の父と
信心深い母の間に
生まれる

子どものころは
生物学に興味津々

10歳のとき
白スズメについての
1ページの論文を発表

論文はヌーシャテル
自然史博物館の
館長の目にとまり

館長のもとで
週に2回
放課後に非常勤の
助手を務める

15歳になると
軟体動物についての
論文を発表

22歳のときに
軟体動物研究で
理学博士号を取得
この生物学の知見が
心理学への関心に
つながった

— 社会心理学：私の心とみんなの心 —

19 人の思考は，他人や集団に強く影響される

人は常に，人との関係を気にする

人間関係にかかわる心理や，集団の中での個人の心理などを研究する心理学を，「社会心理学」といいます。

人にどう思われているのか気になって，SNSを確認してしまう。人前で話すときには，緊張してしまう。人は常に，人との関係を気にする生き物です。ドイツ出身のアメリカ人心理学者のクルト・レヴィン（1890 ～ 1947）は，人の考え方や行動が，他人や集団に影響を受けることに注目しました。そして社会での人の心のはたらきを正しく理解するには，他人との関係や集団との関係に注目する必要があると考えたのです。こうして，社会心理学が生まれました。

思考も，環境によって決まる

社会心理学は，ゲシュタルト心理学の考え方を受けついでいます。ゲシュタルト心理学では，人間の知覚は，要素の単純な合計ではなく，要素の置かれ方などの環境によって決まると考えました。この考え方を知覚だけではなく，思考にまで適用したのが，社会心理学です。社会心理学は，人の心の社会に適応するはたらきについて考える心理学ともいえます。

他人や集団との関係

人は，家族や学校，会社など，さまざまな社会の中で生活しています。社会での人の心のはたらきを正しく理解するには，他者との関係や集団との関係に注目する必要があります。

人の心は，さまざまな社会と密接にかかわっているんだね。

55

— 社会心理学：私の心とみんなの心 —

20 そうですね。集団の意見には、ついつい同調

基準の線と同じ長さの線を答えさせる実験

　社会心理学では、まわりの意見に影響されて、周囲にあわせた行動をとってしまうことを、「同調」といいます。アメリカの心理学者のソロモン・アッシュ（1907〜1996）は、同調がおきやすい条件を調べる実験を行いました。まずはじめに、基準となる線を提示します。その後、基準となる線と同じ長さの線を含んだ、長さのこ

同じ長さの線の実験

同じ長さの線を答えてもらう実験のイメージをえがきました。参加者が1人で回答したときは、正答率はほぼ100％でした（1）。周囲の実験補助者が誤った回答をした場合、37％の人が、複数回の実験のうち1回は誤った回答をしました（2）。

1. 回答者が1人のとき

となる3本の線をみせます。被験者には，この3本の線の中から，基準の線と同じ長さの線を答えてもらいます。

多数派の意見で，自分を信じられなくなる

　被験者が1人でこの問題に取り組んだ場合は，正答率はほぼ100%でした。しかし，実験補助者たちに同じ誤った回答をさせてから被験者に回答をうながすと，実に37%の人が，複数回の実験のうち1回は周囲に同調して誤った回答をしてしまったといいます。ほかのメンバーからきらわれたくないという心理や，多数派の意見によって自分の意見を信じられなくなるという心理がはたらくことで，同調が生じているのではないかと考えられています。

2. 回答者が複数いるとき

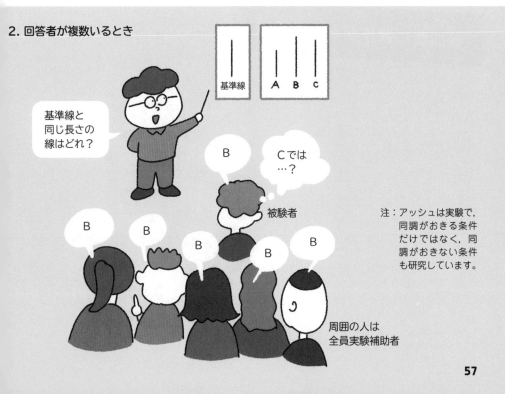

基準線と同じ長さの線はどれ？

基準線

A B C

B

Cでは…？

被験者

B

B

B

B

B

注：アッシュは実験で，同調がおきる条件だけではなく，同調がおきない条件も研究しています。

周囲の人は全員実験補助者

— 社会心理学：私の心とみんなの心 —

21 見て見ぬふり！　きっと誰かが助けるだろう

議論の最中，参加者の1人に発作が

周囲に多くの人がいると，人はだれかを手助けすることが少なくなる傾向があります。このような心理学的効果を，「傍観者効果」といいます。アメリカの心理学者のビブ・ラタネ（1937 ～　）らは，傍観者効果を実験で検証しました。実験では，被験者に2 ～ 6人程度のグループで討論を行ってもらいました。そして議論の最中

参加者に発作がおきる実験

参加者の1人に発作がおきる実験のイメージをえがきました。被験者と実験補助者の2人で議論していた場合，すぐに外に助けを求めた人の割合は，約85％でした。6人で議論していた場合，すぐに外に助けを求めた人の割合は，約31％でした。

注：実際の実験では，参加者1人1人が別々の部屋に入り，マイクとヘッドフォンで討論を行ないました。

被験者が
5人のとき

に，参加者の1人である実験補助者に発作がおきたような演技をさせて，被験者の反応を観察しました。

多くの人がいると，傍観者効果は生じやすい

　実験の結果，2人だけで議論を行っていた場合，実験補助者に発作がおきた直後に，約85%の被験者が外に助けを求めました。一方，6人で議論を行っていた場合，実験補助者に発作がおきた直後に外に助けを求めたのは，約31%の被験者にすぎませんでした。

　このように，周囲に多くの人がいると，傍観者効果は生じやすくなります。これは，ひとりひとりの責任が分散したように感じられることが原因なのではないかと考えられています。

被験者が
1人のとき

実験補助者

約31%

すぐに外に
助けを求め
た人の割合

約85%

すぐに外に
助けを求め
た人の割合

— 社会心理学：私の心とみんなの心 —

22 権威の指示なら，残酷な人間にもなれるのか

権威に服従する心理について検証

　第二次世界大戦中，ナチス・ドイツのアドルフ・ヒトラーによって，大量のユダヤ人が虐殺されました。私たちは強大な権威のもとでは，どんな命令にもしたがってしまうのでしょうか。

　アメリカの社会心理学者のスタンリー・ミルグラム（1933〜1984）は，「記憶力のテスト」と称して，権威に服従する心理について検証を行いました。

被験者の65％が，電圧最大までつづけた

　ミルグラムは被験者に，「先生役と生徒役に分かれて，簡単なテストを行います」と説明し，被験者を先生役にしてテストを行いました。生徒役は，全員実験補助者です。先生役は，生徒役が答えをまちがえたときに，罰として電気ショックを加えます。また，生徒役がまちがえるたびに，電気ショックの電圧を15ボルトずつ上げます。もちろん，実際には電流を流しません。生徒役は悲鳴をあげたり気絶するふりをしたりして，電気ショックを受けた演技をします。

　この実験では，なんと被験者の65％が，電圧が最大になるまで実験をつづけたといいます。ミルグラムはこの結果を，被験者が権威に服従した結果であると考えました。

電気ショックを加える実験

先生役を務める被験者が，生徒役の実験補助者に，罰として電気ショックを加える実験のイメージです。実験者は，先生役から実験を止めるべきではないかと提案された場合，実験をつづけるよう指示をします。先生役の65％が，実験者の指示にしたがって，電圧が最大になるまで実験をつづけました。

生徒役
（実験補助者）

実験者

先生役
（被験者）

360ᵥ

電源

注：ミリグラムの研究では，実験条件によって，不服従の人が多くなる場合もありました。服従の条件について，議論がつづいています。

2. 日常生活で役立つ 心理学

気分が乗らないとき，やる気を出すにはどうしたらいいでしょうか。子供の成績をよくするには，相手に好かれるには……。人間の心のはたらきには，心理学的な法則が存在します。第2章では，日常生活で役立つ心理学を，具体的にみていきましょう。

— やる気の心理学 —

目標は，細かく分けると うまくいく

7日で42ページの問題集をやる

何かを「やる」ためには，「やる気（モチベーション）」が必要です。しかし，いつでもやる気が出てくれるわけではありません。やる気を出すための方法を，心理学の理論から考えてみましょう。

1981年，カナダの心理学者のアルバート・バンデューラ（1925〜2021）らは，子供たちを三つのグループに分け，7日に分けて42ページの問題集をやってもらいました。グループAには「1日最低6ページ終わらせよう」，グループBには「7日で42ページ終わらせよう」，グループCには「できるだけたくさんやろう」と伝えました。すると，グループAの74%，グループBの55%，グループCの53% が，問題集を終わらせることができました。

チェックポイントである「近接目標」が重要

グループBに課された大きな目標は，「遠隔目標」とよばれます。しかし，実際に行動をコツコツと積み重ねる際には，チェックポイントである「近接目標」が重要です。近接目標をたくさん立て，一つ一つクリアしていくことで，達成感を感じてやる気を保つことができます。グループAは，近接目標が明確に示されたため，やる気を維持でき，目標を達成した割合が高くなったと考えられます。

目標設定と達成率の実験

算数が苦手な7〜10歳の子供40人を，A〜Cの三つのグループに分け，42ページの問題集を7日間でやってもらいました。それぞれのグループに，ことなる目標設定をしました。その結果，目標を細かく設定した，グループAの達成率が最も高くなりました。

A.「1日最低6ページずつ」という目標設定

7日後には74%が最後までやりとげました。

B.「7日で42ページ」という目標設定

7日後には55%が最後までやりとげました。

C.「できるだけたくさんやる」という目標設定

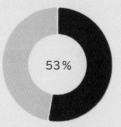

7日後には53%が最後までやりとげました。

— やる気の心理学 —

2 自分はやれる!! その気持ちが大切

自分自身への期待を,「効力予期」という

近接目標を立てれば,すぐにやる気が上がるかというと,そういうわけではありません。立てた近接目標に対して,近接目標を達成すれば遠隔目標に近づくことができると感じ,かつ,自分が近接目標を達成できると感じたときに,はじめてやる気が上がります。

近接目標を達成するための行動を行えば,遠隔目標に近づくことができるという期待のことを,「結果予期」といいます。一方,近接目標を達成するための行動を自分がやりとげることができるという自分自身への期待のことを,「効力予期」といいます。

最も重要なのは,達成体験

効力予期は,「自己効力感」ともよばれます。バンデューラは,やる気を出すには自己効力感を高めることが重要と説きました。自己効力感を高める要素には,「達成体験(自身の成功体験)」「代理体験(他者の成功体験の観察)」「言語的説得(勇気づけるような言葉がけ)」「生理的喚起(心身の状態が良好)」の四つがあるといいます。これらのうち最も重要視されているのは,達成体験です。自分だけでうまくできないときには,代理体験も重要です。

近接目標と遠隔目標

近接目標と遠隔目標の関係をえがきました。ここでは，近接目標を階段の1段，遠隔目標を階段の頂上としています。階段を登っていけば頂上に近づけると感じ，かつ，自分が階段の1段を登ることができると感じたときに，やる気が上がります。

階段を登れる！

遠隔目標

近接目標

近接目標

近接目標

近接目標

小さな目標を一歩ずつ達成していくことが大切なのだ。

67

— やる気の心理学 —

3 目標を宣言したら，長つづきしなかった

プレッシャーによって行動しているだけ

目標を設定した人の中には，人前で目標を宣言する人もいるかもしれません。目標を宣言すれば，他人に目標を知られることになり，自分にプレッシャーをかけて行動をおこせるようになるという効果が期待できます。この効果を，「宣言効果」といいます。しかしこれは，プレッシャーによって行動しているだけで，やる気を出すという意味においては逆効果だとする実験結果があります。

より短時間で，勉強をやめてしまった

2009年，ドイツの心理学者のピーター・ゴルヴィツァー（1950 ～ ）らは，学生を集め，学習への意欲を問うアンケートに回答してもらいました。すると，アンケートを見られた（目標を宣言したことに相当する）学生は，より短時間で勉強をやめてしまいました。

ゴルヴィツァーは，実験結果を「代償行為」の一種だと解釈しました。代償行為とは，ある欲望が達成されなかったときに，別の欲望を達成して満足する行為のことです。実験結果は，目標を宣言しただけで満足したという意味で，代償行為の一種ととらえられたのです。やる気を保つには，「不言実行」の方がいいのかもしれません。

目標の宣言と達成率の実験

法学者をめざす学生32人を，AとBの二つのグループに分け，アンケートに回答してもらったあとで，法学の問題を解いてもらいました（1〜4）。アンケートの回答内容を目の前で見られた（目標を宣言したことに相当する）Aのグループは，Bのグループよりも，勉強時間が短くなりました。

1. アンケートに回答してもらう

アンケートに回答したのは，法学者をめざす学生32人。

2. アンケートを回収

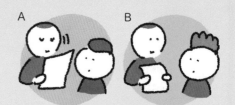

グループAは，回答内容を目の前で見られます。グループBは，回答内容を見られません。

3. 45分間，法学の問題を解いてもらう

問題は，いつやめてもかまいません。また，45分が経過した時点で解いてる問題は，その問題にかぎって，最後までやってよいものとします。

4. 勉強時間

グループAは，平均41分31秒で勉強をやめました。一方グループBは，平均45分39秒勉強をつづけました。

有言実行って何ですか

 博士，有言実行って何ですか？

 ふむ。有言実行は，発言したことを，発言したとおりに行うという意味じゃ。自分の目標をあえて宣言することで，自分を奮いたたせる人もおるのぉ。

 かっこいい！

 うむ。じゃが有言実行は，もともとあった不言実行という言葉が，変化してできた言葉なんじゃ。不言実行とは，黙ってするべきことを行うという意味じゃ。

 えっ。じゃぁ，どっちがいいんですか？　有言実行と不言実行。

 不言実行は，やる気が長つづきするという説がある。

 へぇ〜。じゃぁ，不言実行で宿題やろっと。

 ふぉ〜っふぉっふぉ。それは，有言実行じゃ。

— 教育の心理学 —

4 すごい！ ほめられると，成績がよくなる

ほめる，しかる，何もいわない

自分のやる気を出すのと同じぐらい，他人にやる気を出してもらうのはむずかしいことです。「できたらほめる」と「できなかったらしかる」では，どちらがよいのでしょうか。

1925年，アメリカの心理学者のエリザベス・ハーロック（1898〜1988）は，子供たちを集めて算数の試験を実施しました。そして，試験を返却する際に，グループAにはほめ，グループBにはしかり，グループCには何もいいませんでした。これを5回にわたってくりかえし，試験結果の推移を調べました。

「ほめてのばす」のほうが有効

1回目の試験では，3グループの成績はほぼかわりませんでした。2回目の試験では，グループA，グループBともに，同じ程度成績がのびました。しかしその後，グループAの成績が順調にのびていったのに対して，グループBは成績がのび悩んでしまいました。また，グループCは，あまり成績がのびませんでした。しかることには，一時的な効果はあるものの，持続性は低いことがわかります。この実験からは，「ほめてのばす」のほうが有効だといえそうです。

算数の試験の実験

　9～11歳の子供を80人集め，算数の試験を実施しました。試験返却時に，グループAにはほめ，グループBにはしかり，グループCには何もいいませんでした。同じ返却方法で試験を5回くりかえしたところ，グループAの成績が順調にのびた一方で，グループBやグループCの成績はのび悩みました。

A. 試験返却時に，ほめる

B. 試験返却時に，しかる

C. 試験返却時に，何もいわない

試験の結果

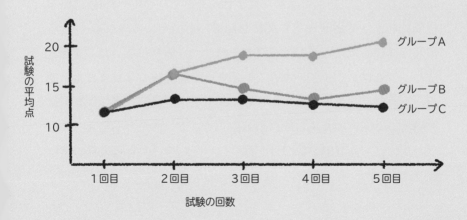

― 教育の心理学 ―

5 ごほうびは，逆効果になることがある

行動自体が楽しい「内発的動機づけ」

ほめるしかるのような外部からのはたらきかけでよびおこされるやる気のことを,「外発的動機づけ」といいます。一方，行動すること自体が楽しいと感じるために生まれるやる気のことを，「内発的動機づけ」といいます。一度生まれた内発的動機づけが,「ごほうび」によって失われることもあるようです。1971年，アメリカの心理学者エドワード・デシ（1942～　）は，大学生をグループAとグループBに分けて，立体パズルを3日間にわたって行わせました。

内発的動機づけが，外発的動機づけに変化

グループAには，2日目だけ解いたパズルの数に応じてお金をあたえ，1日目と3日目にはあたえませんでした。グループBには，3日間にわたってお金をあたえませんでした。そして両グループが，実験の休憩時間にどれだけパズルを行うかを観察しました。するとグループAは，3日目にはパズルをやる時間が短くなりました。グループAは，お金をもらったことによって，内発的動機づけが外発的動機づけに変わってしまいました。そして，お金がもらえなくなったために，外発的動機づけがなくなってしまったと考えられています。

立体パズルの実験

大学生24人を集め，グループAとグループBに分けて，立体パズルを行わせました。そして休憩時間480秒に，どれだけパズルを行うかを観察しました（1〜3）。2日目にお金をあたえられたグループAは，3日目の取り組み時間が短くなりました。

1. 1日目の休憩時間中の取り組み時間

A. 248.2秒　　B. 213.9秒

1日目は，休憩時間480秒のうち，グループAとグループBはそれぞれ平均248.2秒，213.9秒パズルに取り組みました。

2. 2日目の休憩時間中の取り組み時間

A. 313.9秒　　B. 205.7秒

2日目，グループAには「パズルが解けるにつき1ドル報酬をあたえる」と伝えました。

3. 3日目の休憩時間中の取り組み時間

A. 198.5秒　　B. 241.8秒

3日目，グループAには「今日は報酬を用意していない」と伝えました。

4. 休憩時間中の取り組み時間の変化

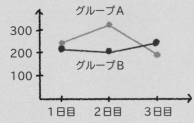

グループAは，2日目に取り組み時間が長くなったものの，3日目に短くなりました。グループBは，3日目に長くなりました。

― 教育の心理学 ―

6 期待をかけられると，成績がよくなる

根拠のない期待を実現させる効果

　最後に，「ピグマリオン効果」を紹介しましょう。

　1968年，アメリカの心理学者のロバート・ローゼンタール（1933～　）は，生徒をランダムに選び，担任教師に「あの子たちは有望だから，知能指数がのびるだろう」と，うその情報を伝えました。すると1年後，選ばれた生徒の知能指数がほんとうにのびました。教師は，期待している生徒に対して，「よい成績が取れればほめる」「成績が悪くてもしかりすぎない」などの，生徒のやる気が高まるような行動を思わずしていました。このような，根拠のない期待を実現させる効果のことを，ピグマリオン効果といいます[1]。

相手との信頼関係を，見直してみる

　やる気が育つ要因として，「関係性の欲求」というものがあります。これは，他人に認められたいという欲求です。とくに，関係が良好な相手に自分が認められているという気持ちが，強い動機づけにつながるといわれています。相手のやる気をうまく引きだせないときは，相手との信頼関係を見直してみることが大切です。

[1]：ピグマリオン効果は存在しないという結果を示している実験もあります。

ピグマリオン効果

期待している相手に対しては，無意識のうちに，相手のやる気を
引きだすような行動をとることがあります。その影響で，期待通
りの結果が実現する場合があります。逆に，期待されないと結果
が出なくなるという効果のことを，「ゴーレム効果」といいます。

「よくできたね」「期待してるよ！」
「また次にがんばればいいよ」

期待されると，ほんとうに成績が
のびるんだガー。

— お願いの心理学 —

7 小さなお願いをしてから，大きなお願い

本命のお願いは，大きな看板を庭先に設置

　他人に何かをお願いして，承諾してもらうのはむずかしいことです。しかし人間の心理のくせを理解しておくことで，相手にお願いを聞いてもらいやすくすることはできます[1]。

　最初に紹介するのは，事前に小さなお願いを承諾してもらい，そのあとに本命の大きなお願いをする方法です。1966年，アメリカの心理学者のジョナサン・フリードマン（1937 〜 　）とスコット・フレージャー（1943 〜 　）は，「交通安全の会」の会員を名のって，住宅を訪問しました。この実験での本命のお願いは，「安全運転」と書かれた大きな看板を庭先に設置してもらうことでした。

自分の行動に，一貫性をもたせようとする

　いきなり看板の設置をお願いすると，承諾した住民は16.7%のみでした。ところが，安全運転についてのステッカーを車に貼ることを承諾した住民に，看板の設置もお願いしたところ，76.0%もの住民が承諾しました。この結果は，「一貫性の原理」によるものと考えられています。一貫性の原理とは，自分の行動に一貫性をもたせようとする心理のことです。また，一貫性の原理を利用したお願いの方法は，「フットインザドアテクニック」とよばれます[2]。

※1：このような方法は，詐欺や悪徳商法に悪用される場合もあります。
※2：営業パーソンが，訪問先のドアに足を差し入れることに由来します。

看板の設置を依頼する実験

大きな看板を庭先に設置してほしいといきなりお願いすると，16.7％の住民しか承諾しませんでした（A1）。小さな安全運転についてのステッカーを車に貼ってくれた住民に看板の設置をお願いすると，76.0％もの住民が承諾しました（B1 ～ B2）。

B1. 小さなステッカーを貼ってもらう

A1. 大きな看板の設置を依頼

お願いされた住民
のうち，16.7％が
看板を設置。

B2. 大きな看板の設置を依頼

ステッカーを貼って
くれた住民のうち，
76.0％が看板を設置。

8 いったん承諾すると，ことわりにくい

あとから「報酬がなくなった」と伝える

次に紹介するのは，「ローボールテクニック」という方法です。**これは，相手が承諾しやすい提案をして，その承諾を得たあとで，条件を変えたりつけ加えたりするという方法です。**

1981年，アメリカの心理学者のジェリー・バーガー（1952〜　）は，大学生60人を20人ずつの三つのグループに分け，実験への参加を依頼しました。グループAとグループBには，実験実施者が「報酬がある」と伝えました。その後，同じ実験実施者がグループAに「報酬はなくなった」と伝えると，参加者は11人に減りました。一方，ことなる実験実施者がグループBに「報酬はなくなった」と伝えると，参加者は3人に減りました。グループCには，実験実施者が「報酬はない」と伝え，参加者は4人でした。

信頼を失ってしまうかもしれない

この実験の結果も，一貫性の原理によるものと考えられています。報酬がなくなったからといって，承諾したことを撤回するような一貫性がない人間だと思われれば，信頼を失ってしまうかもしれません。そのためグループAは，グループCよりも，参加者が多くなったと考えられます。一方グループBは，ことなる実験実施者が伝えたため，一貫性の原理が強くはたらかなかったと考えられます。

あとから報酬をなくす実験

大学生を60人集め，20人ずつの三つのグループに分けて，実験への参加を依頼しました。グループＡには，報酬があると伝えたあとで，同じ人が報酬はなくなったと伝えました（A1 〜 A2）。グループＢには，報酬があると伝えたあとで，別の人が報酬はなくなったと伝えました（B1 〜 B2）。グループＣには，報酬はないと伝えました（C1）。実験の参加人数は，グループＡが11人で最多でした。

A1. 報酬があると伝える

B1. 報酬があると伝える

A2. 同じ人が，報酬は
　　なくなったと伝える

B2. 別の人が，報酬は
　　なくなったと伝える

C1. 報酬はないと伝える

11人

20人中，11人が参加。

3人

20人中，3人が参加。

4人

20人中，4人が参加。

— お願いの心理学 —

9 大きなお願いで断られてから，小さなお願い

非行少年のグループを，動物園に連れていく

最後に紹介するのは，最初にむずかしいお願いをして，そのお願いがことわられたあとで，本命のお願いをするという方法です[※1]。

1975年，アメリカの心理学者のロバート・チャルディーニ（1945〜　）は，次のような実験を行いました。この実験での本命のお願いは，大学生に，非行少年のグループを動物園に1日連れていくボランティアをしてもらうことです。グループAに本命のお願いをそのまま伝えると，その承諾率は17%でした。

何かをしてもらったら，お返しをしなければ

一方，グループBにはまず，最低2年間にわたり毎週2時間，非行少年たちのカウンセリングを行うことをお願いしました。そのお願いは，全員にことわられました。しかしそのあとに本命のお願いをすると，本命のお願いの承諾率は約50%でした。この結果は，「返報性の原理」によるものと考えられています。返報性の原理とは，何かをしてもらったら，そのお返しをしなければならないと考える心理のことです。最初のお願いをことわることを認めてもらったお返しに，次のお願いを承諾しなければと考えてしまうのです。

※1：この方法は，「ドアインザフェイステクニック」とよばれています。

ボランティアのお願いの実験

非行少年のグループを動物園に1日連れていくボランティアをお願いすると，承諾率は17％でした（A1）。非行少年たちのカウンセリングを最低2年間毎週2時間行うお願いをことわられてから，動物園に1日連れていくボランティアをお願いすると，承諾率は約50％でした（B1〜B2）。

B1. 非行少年たちのカウンセリングを最低2年間にわたり毎週2時間行うお願いをする

A1. 非行少年のグループを動物園に1日連れていくボランティアのお願いをする

お願いされた人のうち，17%が承諾。

B2. 非行少年のグループを動物園に1日連れていくボランティアのお願いをする

お願いされた人のうち，約50%が承諾。

― 恋愛の心理学 ―

10 たくさん見られると，好かれる確率up

見せられた回数が多い人ほど，より好ましい

恋愛は，すてきでもあり，苦しいものでもあります。心理学的効果に，助けてもらいたいと思うこともあるかもしれません。

1968年，アメリカの心理学者のロバート・ザイアンス（1923〜2008）は，大学生に対してさまざまな人の写真をくりかえし見せる実験を行いました。別の人が写った6枚の写真を，ランダムな順番で，写真ごとに決められたことなった回数を見せます。その後，学生にすべての写真を見せて，それぞれの人をどれぐらい好ましく思うかを，7段階で評価してもらいました。**すると学生は，見せられた回数が多い人ほど，より好ましいと感じる傾向がありました。**

すばやく認知できるものは，好ましいはず

実験であらわれた効果は，「単純接触効果」または「ザイアンス効果」といいます。人の写真を何回も見せられると，その人を無意識のうちに記憶します。数多く何回も見た人のことは，記憶をもとにすばやく認知できます。そして，ここで勘ちがいがおきます。**これだけすばやく認知できる人は，好ましいものであるはずだと感じてしまうのです。**ある結果につながる原因が複数ある場合，原因を誤って推定してしまうことを，心理学では「誤帰属」といいます。

写真をくりかえし見せる実験

大学生72人を集め，別の人が写った12枚の写真の中から6枚を選び，ランダムな順番で見せました（1）。見せる回数は，写真ごとに，0回，1回，2回，5回，10回，25回のどれかです。その後，写真の人の好感度を評価してもらったところ（2），多く見せた写真の人ほど好感度が高い傾向になりました（3）。

1. 別の人が写った6枚の写真を，
   ランダムな順番で，写真ごとに
   決められた回数見せる

2. 6人全員の写真を見せ，
   それぞれの人の好感度を
   0〜6の7段階で評価してもらう

3. 写真を見せた回数と
   好感度の関係

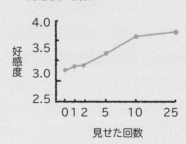

— 恋愛の心理学 —

11 似た行動をすると，好かれる確率up

実験補助者が参加者に合わせてジェスチャー

相手に好かれるには，接する回数をふやすだけでなく，相手の話し方やジェスチャーに，自分も合わせるといいかもしれません。

1999年，アメリカの心理学者のターニャ・チャートランドは，大学生を集めて，写真の内容をペアの相手に言葉やジェスチャーで伝えるという実験を行いました。ペアの相手は，実は実験補助者の女子学生です。グループＡでは，実験補助者の女子学生が，実験参加者に合わせたジェスチャーを行いました。一方グループＢでは，女子学生は，特別な反応をしませんでした。

自分と似ている相手に対して，親近感をもつ

実験後，実験参加者に，ペアの相手をどれぐらい好ましく思ったか，実験はどれぐらいスムーズに進んだかを評価してもらいました。するとどちらの項目も，グループＡのほうがグループＢよりも高評価でした。このように，ジェスチャーや話し方が自分と似ている相手に対して親近感をもつ効果のことを，「ミラーリング効果」といいます。同じ行動をする人は性格も近いだろうと思うことによって，親近感が高まると考えられています。

写真の内容を伝える実験

大学生を72人集め，二つのグループに分けて，写真の内容をペアの相手に言葉やジェスチャーで伝えてもらいました（A1，B1）。グループAでは，ペアの相手が参加者に合わせたジェスチャーを行いました。実験参加者がペアの相手を評価したところ，好感度でもスムーズさでも，グループAがグループBを上まわりました（C）。

A1. ペアの相手が参加者に合わせた
ジェスチャーを行う

B1. ペアの相手が
特別な反応をしない

A2. 実験参加者がペアの相手を評価

B2. 実験参加者がペアの相手を評価

C. ペアの相手への評価

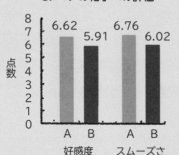

「相手への好感度」と
「実験のスムーズさ」
ともにグループAのほうが
高い点数でした。

— 恋愛の心理学 —

12 ドキドキちがい！つり橋と恋愛

高さ70メートルのつり橋の上

恋愛の心理学には，心理学全体の中でもとくに有名な効果があります。いわゆる「つり橋効果」です。

1974年，カナダの心理学者のドナルド・ダットン（1943～　）とアーサー・アロン（1945～　）は，高さ70メートルのつり橋の上と，高さ3メートルの頑丈な橋の上で実験を行いました。実験補助者の女子学生が，橋の上を偶然通った男性に声をかけ，実験への協力を依頼しました。実験は，女性がえがかれた絵を見て，絵から連想される短いドラマチックな物語を書くというものです。

恐怖と恋愛感情を，勘ちがいする

実験では最後に，実験補助者の女子学生が，「電話をかけてくれれば研究結果を説明します」といって，男性に連絡先をわたしました。つり橋の男性は18人中9人（50％）が連絡してきたのに対し，頑丈な橋の男性は16人中2人（12.5％）しか連絡してきませんでした。この結果は，誤帰属によるものであると説明されます。つり橋の上で恐怖によってドキドキを感じたときに目の前に女性がいると，ドキドキの理由を女性に対する恋愛感情によるものだと勘ちがいして，恋愛感情が高まると考えられているのです。

注：男性が橋の上で書いた物語は，内容に性的な場面が含まれるかどうかによって，点数がつけられました。すると，つり橋のほうが，頑丈な橋よりも，点数が高くなりました。

つり橋効果

つり橋の上にいる，男性と女性をえがきました。つり橋効果の
実験は，実験補助者を男子学生にした場合も行われました。し
かし，男子学生が男性に声をかけても，女子学生が声をかけた
場合のような現象はおきませんでした。ただ，人と人との恋愛
感情を，いわゆる性差だけでとらえようとすることは，考える
べきかもしれません。

近くにつり橋なんかあったかな。
調べてみよっと。

現場のキャピラノつり橋

恐怖のドキドキを，恋愛感情のドキドキと勘ちがいしてしまう「つり橋効果」。つり橋効果の実験に使われたつり橋は，カナダのブリティッシュコロンビア州ノースバンクーバー地区にある，「キャピラノつり橋」です。

キャピラノつり橋は，キャピラノ渓谷にかかる，長さが140メートル，高さが70メートルに達するつり橋です。「キャピラノ」とは，先住民の言葉で「美しい川」を意味します。1889年につくられた当初，橋は麻のロープと杉の板でできていました。その後，1903年に橋のロープがワイヤーになり，1956年には橋全体がかけかえられました。そして1974年に，つり橋効果の実験が行われました。

現在，キャピラノつり橋は，年間約80万人が訪れる，大人気の有料観光スポットになっています。橋は約120トンの重量に耐えられるそうなので，観光客が多くても安心です。とはいえ，これほど長くて高いつり橋を渡れば，ドキドキしないわけにはいかなそうです。

— 商売の心理学 —

13　限定品？　数が少ないものほど，ほしくなる

少ないクッキーのほうが，高く評価された

　物の売り買いをするときにはたらく心理を知ることは，売る人にとっても買う人にとっても重要なことです。たとえば「期間限定」の表示を見ると，なぜだか買いたくなってしまいます。このときにはたらく心理的効果は，「希少性の原理」といいます。これは，数が少ないものはよいものだと思い，ほしくなる効果のことです。

　1975年，アメリカの心理学者のステファン・ウォーチェルは，クッキーの評価をしてもらう実験を行いました。グループＡのびんにはクッキーが2個，グループＢのびんにはクッキーが10個入っていました。びんのクッキーを1個食べたあとで評価を聞くと，グループＡのほうが高く評価しました。

手に入れる自由があると確認したくなる

　希少性の原理の影響は，「心理的リアクタンス」によって強められると考えられています。心理的リアクタンスとは，他者からの指示で自由を奪われそうなときに，逆の行動をおこしたくなる心理状態のことです。希少性が高いと感じると，好きなときに手に入れる自由を奪われたように感じて，心理的リアクタンスが発生します。そして，手に入れる自由があると確認したくなり，ほしくなるのです。

注：ウォーチェルの実験は条件などが複雑なため，ここでは簡略化して紹介しています。

クッキーを評価する実験

女子大学生を146人集め，グループに分けて，クッキーを評価してもらいました。グループAは，クッキーが2個入ったびんのクッキーを1個食べ（A1），グループBはクッキーが10個入ったびんのクッキーを1個食べました（B1）。クッキーの評価は，グループAのほうが高くなりました（C）。

A1. クッキーが2個入ったびんの　　クッキーを1個食べる

B1. クッキーが10個入ったびんの　　クッキーを1個食べる

A2. クッキーを評価

B2. クッキーを評価

C. クッキーの評価

	グループA	グループB
もう一度 食べたいか	4.40	5.46
魅力的 だったか	4.40	5.73
値段は 何セントか	56.2	45.8

もう一度食べたいかと，魅力的だったかは，数値が小さいほど高評価であることを意味します。グループAのほうが，グループBよりも，クッキーを高く評価しました。

― 商売の心理学 ―

14 あら値引き？　半端な値段は魅力的

値段設定だけがことなるカタログを作成

　スーパーなどでは，「1980円」といった値段の商品をよくみかけます。実は，この値段にも心理学が応用されています。

　1996年，アメリカの心理学者のロバート・シンドラーとトーマス・キバリアンは，値段設定だけがことなる通信販売のカタログを，3種類作成しました。カタログに掲載されている商品の値段の末尾は，カタログAでは「.99」，カタログBでは「.00」，カタログCでは「.88」でした。すると，売れた商品数と売上金額のどちらもカタログAがいちばん多く，値段が最も安いカタログCは，カタログBと同程度でした。

どうにか値下げをしてくれたとも感じる

　半端な値段設定をすると商品が売れやすくなる効果のことを，「端数効果」といいます。たとえば「1980円」という半端な値段を見ると，まず値段が2000円台ではなく1000円台なので，安く感じます。また，どうにか値下げをしてくれたあとの値段なのではないかとも感じます。この二つの要因によって，半端な値段になっている商品を思わず買ってしまうのです。

通信販売のカタログの実験

値段の末尾が「.99」のカタログAと，値段の末尾が「.00」の
カタログBと，値段の末尾が「.88」のカタログCを作成し，3
万人に配布しました（A1 〜 A2，B1 〜 B2，C1 〜 C2）。売
れた商品数と売上金額を調査したところ，カタログAがいちば
ん多くなりました（D）。

A1. 値段の末尾が「.99」の
カタログAを作成

B1. 値段の末尾が「.00」の
カタログBを作成

C1. 値段の末尾が「.88」の
カタログCを作成

A2. 3万人に配布

B2. 3万人に配布

C2. 3万人に配布

D. 売れた商品数と売上金額

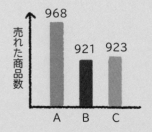

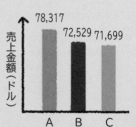

売れた商品数
と売上金額は，
カタログAが
いちばん多く
なりました。

— 商売の心理学 —

15 選択肢があると，無難なものが選ばれる

中間の値段のものを選びやすい

何かを買うときに，たくさんの商品をくらべてから選びたいと思うかもしれません。**ただ，値段のことなる複数の商品があった場合，人は無意識のうちに中間の値段のものを選びやすいという心理的傾向があります。** これは，「松竹梅の法則」とよばれています。

たとえばレストランのコースメニューに，4000円の「松」，3000円の「竹」，2000円の「梅」があるとします。この場合，竹コースがいちばんよく選ばれるということです。

損失を回避するため，中間のものを選ぶ

松コースはいちばん値段が高いため，もし満足いかなかったときのショックが大きくなります。一方，いちばん安い梅コースは，満足できない可能性があります。**このように，高いものや低いものを選んだときの損失を回避するために，中間のものが選ばれます。** 人は，得をねらうよりも損を回避するほうを選びやすいという，「損失の回避性」とよばれる性質をもっているのです。

なお，商品の選択肢は三つ程度が最適のようです。選択肢を多くすると，選択することがたいへんになり，買われにくくなるためです。

松竹梅の法則

野菜売り場に並ぶ，3種類の値段のニンジンをえがきました。
高いニンジンや安いニンジンを選んで失敗することをさけるた
めに，中間のニンジンが選ばれます。

真ん中にして
おこうかしら
……？

¥130 ¥180 ¥230

高いニンジンは満足できなかったらいやだ
と感じ，安いニンジンは満足できないかも
しれないと感じるんだガ〜。

松竹梅って何ですか

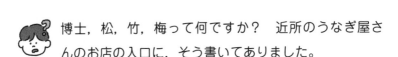 博士，松，竹，梅って何ですか？　近所のうなぎ屋さんのお店の入口に，そう書いてありました。

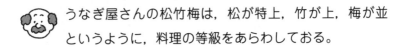 うなぎ屋さんの松竹梅は，松が特上，竹が上，梅が並というように，料理の等級をあらわしておる。

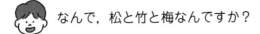 なんで，松と竹と梅なんですか？

ふむ。松竹梅は，もともとは中国で「歳寒三友」とよばれる，墨絵の題材だったんじゃ。それが日本に伝わり，縁起のいい組み合わせとして広まったんじゃ。

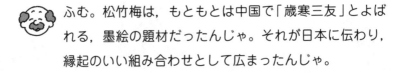 へぇ〜。でもなんでそれが，料理に使われるようになったんですか？

いちばん安い並の料理は，注文しづらいこともある。江戸時代のお寿司屋さんが，お客さんの気持ちに配慮して，松竹梅を使いはじめたという説があるようじゃの。

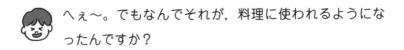 へぇ〜。

— うわさの心理学 —

16 重大であいまいなうわさほど, 広まりやすい

うわさを発生させる, しかけをほどこした

人はうわさ話を, ついしてしまうことがあります。 なぜなのでしょうか。うわさについて, 心理学の観点からみていきましょう。

1955年, アメリカの心理学者のスタンレー・シャクター（1922～1997）とハービー・バーディックは, 女子中高生を三つのグループに分けて, うわさを発生させるしかけをほどこしました。「しかけ1」は, 授業前の朝の面談で, 教師が生徒に職員室から試験問題が盗難されたと伝えたことです。「しかけ2」は, 授業中に校長が教室に来て, 理由を告げずに生徒1人をよびだしたことです。

重大さとあいまいさが, 結果に影響した

実験の結果,「しかけ1」と「しかけ2」を受けたグループBと,「しかけ2」を受けたグループCは,「しかけ1」を受けたグループAにくらべて, うわさが広まりやすかったことがわかりました。「しかけ2」の重大さとあいまいさが, 結果に影響したと考えられました。

アメリカの心理学者のゴードン・オールポート（1897～1967）は, 1947年に, うわさの基本法則「R～i×a」を提唱しました。 うわさの広まりやすさRは, うわさの重大さiと, うわさのあいまいさaの積に比例するという法則です（～は比例の記号）。

うわさを発生させる実験

女子中高生6クラス96人の生徒を，2クラスずつ三つのグループにわけ，うわさを発生させるしかけをほどこしました。「しかけ1」と「しかけ2」を受けたグループBの生徒と，「しかけ2」を受けたグループCの生徒は，「しかけ1」を受けたグループAの生徒にくらべて，より多くの人にうわさを伝えました。

しかけ1
教師が生徒に，職員室から
試験問題が盗難されたと伝える。

しかけ2
授業中に校長がきて，理由を
つげずに生徒1人をよびだす。

A B C

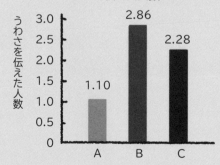

うわさを伝えた人数

うわさを伝えた人数

3.0
2.5
2.0
1.5
1.0
0.5
0

1.10 2.86 2.28

A B C

グループBの生徒と
グループCの生徒は，
グループAの生徒にくらべて，
より多くの人にうわさを
伝えました。

— うわさの心理学 —

17 不安でこわいうわさほど，広まりやすい

恐怖流言と願望流言を，ランダムに郵送

うわさの広まりやすさには，あいまいさとともに，不安の要素も関係しています。

うわさは，不安や恐怖をもたらす「恐怖流言」，希望や願望を反映した「願望流言」，他人への敵意や偏見をあおる「分裂流言」の，3種類に分類できるといわれています。1991年，アメリカの心理学者のチャールズ・ウォーカーとブルース・ブレーンは，学則がきびしくなるという恐怖流言と，学則がゆるくなるという願望流言のどちらかが書かれた葉書を用意して，学生80人にランダムに郵送する実験を行いました。

恐怖流言を知る学生のほうが多かった

1週間後，同じ大学に通う約200人の学生に対して，最近どんなうわさを聞いたか，聞き取り調査を行いました。すると，実験で用意したうわさのどちらかを知っていた学生のうち，恐怖流言を知っていた人の割合は73%，願望流言を知っていた人の割合は27%でした。この結果からわかるように，恐怖流言と願望流言をくらべると，恐怖流言のほうが広まりやすいと考えられています。

恐怖流言と願望流言の実験

大学生80人に，恐怖流言と願望流言のどちらかが書かれた葉書を，ランダムに郵送しました（A1，B1）。1週間後，同じ大学に通う約200人の学生に聞き取り調査を行ったところ，うわさのどちらかを知っていた学生のうち，恐怖流言を知っていた人の割合は73％，願望流言を知っていた人の割合は27％でした（C）。

A1. 学則がきびしくなるという
　　恐怖流言の葉書を受け取る

B1. 学則がゆるくなるという
　　願望流言の葉書を受け取る

A2. 恐怖流言が広まる

B2. 願望流言が広まる

C. 恐怖流言を知っていた人の割合と
　　願望流言を知っていた人の割合

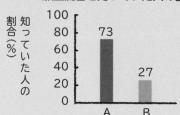

うわさのどちらかを知っていた学生のうち，恐怖流言を知っていた人の割合は73％，願望流言を知っていた人の割合は27％でした。

— うわさの心理学 —

18 うわさすると，なんだか不安がやわらぐ〜

不安なとき，情報不足が不安を強める

　不安はなぜ，うわさの広がりを早めるのでしょうか。

　人は，真偽がわからないあいまいな情報に接すると，うわさをすることで，情報不足を解消しようとします。とくに不安や恐怖を感じているときは，情報不足が不安を強めるため，情報不足を解消しようとする気持ちがとくに強くなります。そのため不安は，うわさの広がりを早めるのです。

自分と同じ不安を共有させようとする

　うわさの広がりについては，アメリカの心理学者のレオン・フェスティンガー（1919〜1989）が提唱した，「認知的不協和理論」を応用して説明される場合もあります。認知的不協和とは，自分の中に相反する認知があるときに感じるストレスのことです。

　自分がうわさによって不安を感じているときに，まわりの人たちが不安を感じていないという状況は，相反していてストレスです。このストレスを解消するために，自分と同じ不安を共有させようとして，他人にうわさを伝えると考えられているのです。

不安とうわさの関係

不安や恐怖を感じているときは, 情報不足が不安を強めるため, 情報不足を解消しようとしてうわさをしてしまうと考えられています。また, 自分と同じ不安を共有させようとして, うわさをしてしまうとも考えられています。

情報が不足すると, 不安が強まるのだ。

3.ストレス対処に 役立つ心理学

現代人の多くが悩まされているものに，ストレスがあります。
人はどのようなときにストレスを感じ，どう対処するのがい
いのでしょうか。第3章では，ストレス対処に役立つ心理学を
みていきましょう。

何にストレスを感じるかは，人それぞれ

ストレスという言葉には，二つの意味がある

　私たちは，さまざまな場面でストレスを感じます。私たちを悩ませるストレスとは，何なのでしょうか。

　カナダの生理学者のハンス・セリエ（1907 〜 1982）は，ラットに電気ショックをあたえたり，せまい場所に閉じこめたりすると，胃腸の荒れなどの共通した症状があらわれることを発見しました。**セリエは，この共通した症状の原因となる刺激を「ストレッサー」，体に生じるさまざまな症状を「ストレス反応」と名づけました。**私たちが使うストレスという言葉には，ストレッサーとストレス反応の，両方の意味が含まれているのです。

ストレスの感じ方は，記憶に大きく左右される

　何にストレスを感じるかは，人それぞれです。また，同じ刺激を受けても，ストレスの感じ方は人それぞれです。ストレスに敏感な人は，脅威検出装置としてはたらく脳の「扁桃体」が，過敏に反応するといわれています。また，ストレスの感じ方は，その人の記憶に大きく左右されるといいます。たとえば，試験期間が近づくとストレスを感じるのは，試験勉強のつらさを知っているからです。私たちは記憶から，ストレスの強さを無意識に判断しているのです。

ストレスの原因と強さ

下の表は，日常生活で心理的ストレスを感じる原因（ストレッサー）と，ストレスの強さを結婚を50と仮定して数値化したものです。結婚や休暇などの一見ポジティブな出来事に対しても，生活が変化すると私たちはストレスを感じていると考えられています。

ストレスの原因	ストレスの強さ
配偶者の死	100
離婚	73
別居	65
服役	63
近親者の死	63
自分のけがや病気	53
結婚	50
解雇	47
夫婦間の和解（調停）	45
定年退職	45
家族の健康の変化	44
妊娠	40
性的問題	39
新しい家族	39
ビジネスの立て直し	39
経済状態の変化	38
親友の死	37
ことなった種類の仕事への移行	36
夫婦げんかの回数の変化	35
1万ドルをこえる抵当またはローン	31
抵当流れやローンの拒否	30
職責の変化	29
子供が家を出る	29
親せきとのトラブル	29
顕著な個人的業績	28
配偶者が仕事をはじめる（やめる）	26
入学・卒業	26
生活状況の変化	25
個人的な習慣をかえる	24
上司とのトラブル	23
就業時間や職場環境の変化	20
住居の変化	20
学校の変化	20
レクリエーション習慣の変化	19
宗教活動の変化	19
社会活動の変化	18
1万ドル以下の抵当またはローン	17
睡眠の習慣の変化	16
家族の集まりの回数の変化	15
食習慣の変化	15
休暇	13
クリスマスシーズン	12
ささいな法律違反	11

（出典：Holmes, T. and Rahe, R.: J Psychosom Res, 11(2)：213-218, 1967）

頭をよぎるかたよった思考が，ストレスの原因

誤った結論をみちびいてしまうことがある

私たちはいつも，意識せずに状況を判断しています。普段は意識されない状況判断の過程のことを，「認知」といいます。

私たちは五感を通じて得たさまざまな情報をもとに，瞬間的に物事を判断します。しかしときには，情報処理に失敗して，論理的に誤った結論をみちびいてしまうことがあります。**論理的な誤りに気がつかないまま行動すると，強いストレスを感じてしまいます。**

情報を集めて，あらためて判断する

論理的な誤りが生じる原因は，最初の情報が限られているからです。たとえば，定時に退社する同僚を見た人が，自分ばかりが仕事をおしつけられていると考え，ストレスを感じたとします。これは，限られた情報から，瞬間的に誤った判断をしてしまった結果です。

瞬間的な判断の誤りは，情報をおぎなうことで解消できます。もしかしたら同僚は，体調が悪かったのかもしれませんし，その日早く帰宅するために前日に遅くまで残業をしていたのかもしれません。**ストレスを感じたときに，情報を集めてあらためて判断することができれば，大きなストレスを感じることは少なくなります。**

瞬間的な判断の誤り

瞬間的な判断の誤り（認知のゆがみ）の例を，六つえがきました。限られた情報にもとづく瞬間的な判断の誤りにしばられて，思考が極端になると，強いストレスを感じてしまいます。

1. 思い込み・決めつけ

自分の考えを疑わず，相手の意見を聞かなくなってしまうような思考。

2. 白黒思考

あいまいな状態に耐えられずに，AかBかはっきりさせようとしてしまう思考。

3. べき思考

ルールを強く意識したり，過去についてこうすべきだったのにと考えたりしてしまう思考。

4. 自己批判

あらゆる出来事に対して，自分に責任があると考えてしまう思考。

5. 深読み

相手の気持ちを，一方的に決めつけてしまうような思考。

6. 先読み

将来に悲観的になり，勝手に自分の行動や考えを制限してしまうような思考。

博士！
教えて!!

ストレスって何ですか

 博士，ストレスって何ですか？

 ふむ。ストレスとは，体が外から刺激を受けたとき，体に生じる変化のことじゃ。

 どういうことですか？

 ストレスはもともと，物理学の言葉なんじゃ。たとえばゴムボールを指で押すと，へこむじゃろ？　へこみやゆがみが生じた状態を，物理学でストレスというんじゃ。

 へぇ〜。

 人の体も心も同じじゃ。たとえば，研究が失敗つづきだと，つらい気持ちになる。この変化がストレスじゃ。

 ストレスって，大変なんですね。

 気楽じゃのぉ。自分が平気でも，友だちはストレスを感じていることもあるから，気配りがたいせつじゃぞ。

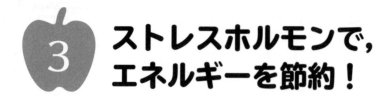

3 ストレスホルモンで, エネルギーを節約!

逃げたり敵と戦ったりするため

たとえば, 山で空腹のクマに遭遇したとします。大きな脅威に対して, 私たちは「生命の危機」という強いストレスを感じます。

強いストレスを感じると, 私たちの体は主に二つのストレス反応をおこします。**「ストレスホルモン」とよばれる「コルチゾール」の分泌と, 自律神経である「交感神経」の活性化です。**このうちコルチゾールの分泌は, 免疫機能の低下や, 血液中の糖の濃度の上昇, 筋肉への糖の取りこみの低下を引きおこします。これは, 敵から逃げたり戦ったりするために, エネルギーを節約する反応といえます。

現代のストレスの原因は, 長期的

ストレスが長期化すると, 記憶にかかわる脳の「海馬」が, わずかに萎縮するといいます。コルチゾールが, 海馬の新しい神経細胞の誕生をさまたげるためだと考えられています。

現代のストレスの原因は, クマに遭遇するような短期的なものではなく, 仕事や人間関係などの長期的なものがほとんどです。ストレス反応は, その場をしのぐために, 短期間なら低下してもかまわない体の機能を低下させる反応です。ストレスの原因が長期的な現代では, さまざまな無理が生じてしまうのです。

コルチゾール

ストレス反応のうち，コルチゾールが分泌される反応の流れをえがきました（1〜4）。コルチゾールが全身へ拡散して，免疫機能の低下などを引きおこすまでにかかる時間は，数分です。

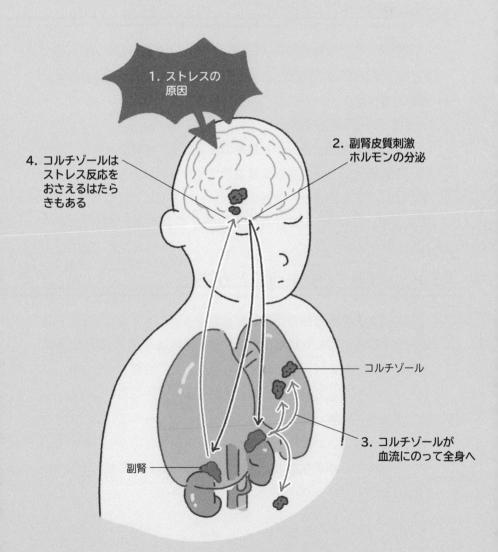

1. ストレスの原因

2. 副腎皮質刺激ホルモンの分泌

4. コルチゾールはストレス反応をおさえるはたらきもある

コルチゾール

副腎

3. コルチゾールが血流にのって全身へ

115

交感神経で，心拍数や血圧が上昇！

必要な酸素が，全身の細胞に供給される

　強いストレスを感じたときに，汗が出たり，動悸がはげしくなったりする変化は，自律神経である交感神経の活性化によって引きおこされます。自律神経には，交感神経と副交感神経があり，ストレスを感じると交感神経が活性化します[1]。

　交感神経の活性化は，心拍数や血圧の上昇や，筋肉の緊張，発汗などを引きおこし，全身を興奮状態にします。エネルギーを生みだすために必要な酸素が，全身の細胞に供給されます。また，手足が汗でしめって地面との摩擦力が高くなり，闘争や逃走に役立ちます。

体が，学習してしまうことがある

　ストレスによって頻繁に同じ症状があらわれる人は，ストレスを感じたときに生じる体の変化が，無意識に学習されている可能性があります。たとえば人前で発表する際などに，交感神経が過剰にはたらくと，緊張して過呼吸や貧血をおこします。こういう経験をすると，体が，緊張したときは過呼吸や貧血になりやすいという学習をしてしまうことがあります。その結果，次に同じような状況になったときに，体が無意識に反応して，同じ症状があらわれやすくなるのです。

※1：副交感神経は，体を休ませたり気持ちを落ち着かせたりします。

交感神経が優位になると

交感神経のはたらきが優位になったとき，全身に生じる変化を
えがきました。交感神経や副交感神経を介した体への影響は，
ほんの数秒であらわれます。

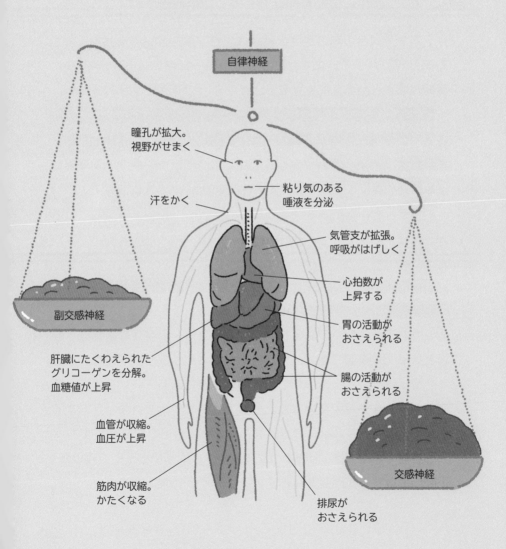

自律神経

瞳孔が拡大。
視野がせまく

汗をかく

粘り気のある
唾液を分泌

副交感神経

気管支が拡張。
呼吸がはげしく

心拍数が
上昇する

胃の活動が
おさえられる

肝臓にたくわえられた
グリコーゲンを分解。
血糖値が上昇

腸の活動が
おさえられる

血管が収縮。
血圧が上昇

交感神経

筋肉が収縮。
かたくなる

排尿が
おさえられる

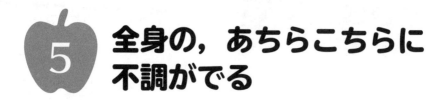

全身の，あちらこちらに不調がでる

肩こり，頭痛，消化器の異常，脱毛症など

テストや試合の前の適度な緊張は，パフォーマンスを高めてくれることがわかっています。しかしそういった良いストレスでさえ，長期化すると，体に悪影響をおよぼす原因になることがあります。

長期化したストレスをきっかけに生じる症状は，肩こりや腰痛，めまい，頭痛，胃や十二指腸などの異常，アトピー，脱毛症など，さまざまです。このような身体の症状のうち，うつ病や不安障害などの精神疾患にともなう症状を除いたものを，「心身症」といいます。

どのようなストレスが問題になっているのか

心身症を引きおこすストレスは，心身症の「発症要因」「背景要因」「維持増悪要因」の三つにわけられます。

セクハラやパワハラなどによるストレスは，心身症の直接的な原因となる発症要因です。一方，自分を責めてしまうゆがんだ思考のくせや，自分に合っていない職場環境などによるストレスは，心身症の背景となる背景要因です。そして，頭痛やめまいなどがおきる不安によるストレスは，心身症を悪化させる維持増悪要因です。

心身症の治療では，どのようなストレスが問題になっているのか，正確に把握する必要があります。

心身症の代表的な症状

心身症の代表的な症状を示しました。お腹が弱い人や皮膚が弱い人など, 顕著にあらわれる症状には, 個人差があります。心身症の症状は, このほかにもさまざまあります。

消化器系の異常

呼吸器系の異常

口内環境の異常

めまい, 耳鳴り

皮膚の異常

過食症, 味覚の喪失

心臓病や糖尿病

全身の症状

注：心身症の症状の例は, 『脳科学辞典』（https://bsd.neuroinf.jp）の情報をもとに作成しました。

負の思考サイクルを断つ！マインドフルネス

ほかのことを考えられなくなる

過去への後悔や，未来に対する不安をくりかえし考えてしまう人がいます。 ストレスを感じる思考をくりかえすことを，「反芻思考」といいます。負の思考のサイクルにはまってしまうと，ほかのことを考えられなくなり，うつ病のリスクも高くなるといいます。

反芻思考がおきているときには，脳内で「デフォルトモードネットワーク」とよばれる脳活動が活性化していると考えられています。デフォルトモードネットワークは，無意識に生じている，脳の特定の部位にある神経細胞を中心とした脳活動です。

意識的に自分の体の状態に目を向ける

反芻思考を止める方法として，呼吸や筋肉の動き，その瞬間に体験していることに集中する「マインドフルネス」が効果的だと考えられています[1]。負の思考のサイクルにおちいってしまうと，ほかのことを考えられず，目や耳などから入ってくる情報を正しく認識できなくなります。意識的に自分の体の状態に目を向けることで，無意識に生じているデフォルトモードネットワークの活動を強制的にリセットし，反芻思考を止めることができると考えられています。

※1：マインドフルネスは，ヨガや瞑想，禅などから，宗教的な要素を排除した取り組みです。

反芻思考を止める

イラスト上部にマインドフルネスな状態を実現する取り組み
を，イラスト下部に反芻思考がおきている人をえがきました。
マインドフルネスは，自分の体の状態に意識を集中させること
で，反芻思考を止めると考えられています。

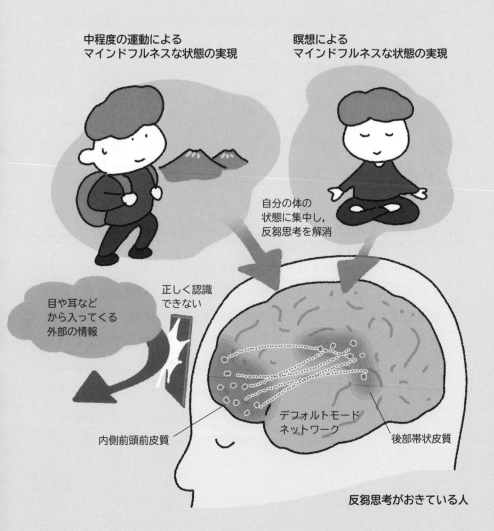

中程度の運動による
マインドフルネスな状態の実現

瞑想による
マインドフルネスな状態の実現

自分の体の
状態に集中し，
反芻思考を解消

目や耳など
から入ってくる
外部の情報

正しく認識
できない

内側前頭前皮質

デフォルトモード
ネットワーク

後部帯状皮質

反芻思考がおきている人

7 かたよった思考や行動を，見つめなおそう

限られた情報から行われる瞬間的な判断

　私たちは常日ごろから，限られた情報の中で，無意識にさまざまな判断をくだしています。そのため仕事でミスをしたときに，「仕事を失敗するなんて自分はだめな人間だ」「仕事ができないなら生きている意味がない」などと，とっさに考えてしまうこともあります。このような，限られた情報から行われる瞬間的な判断を，「自動思考」といいます。自動思考は，正しいこともあれば，誤っていることもあります。

正しい状況判断で，解決策を見いだす

　ストレスは，こうすれば必ず解消できるというものではなく，人それぞれ感じ方がことなります。**そこでストレス対策として，自分の瞬間的な状況判断やそのときの行動を見つめ直す，「認知行動療法」が注目されています。**認知行動療法は，とっさの判断にしばられずに，正しい状況判断を行うことで解決策を見いだし，問題に対処するためのものです。ただ，認知行動療法によって現実的な考えや解決策を見いだせても，自分だけでは対処できない場合もあります。周囲の人が手助けできる環境を用意しておくことも，重要です。

認知行動療法

仕事でミスをした人が,「スキーマ」とよばれる心の中にあるルールにしたがって自動思考(認知)を行い,強いストレス(感情と身体反応)を感じてしまいました。認知行動療法では,カウンセラーとの対話などを通じて,スキーマや自動思考を見つめ直し,考えた解決策(行動)を試します。

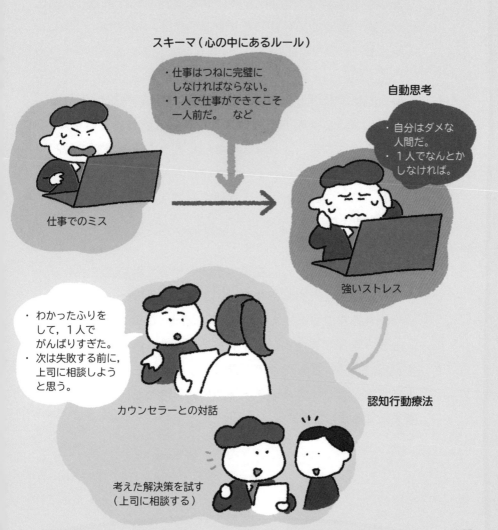

スキーマ(心の中にあるルール)

・仕事はつねに完璧に
　しなければならない。
・1人で仕事ができてこそ
　一人前だ。　など

自動思考

・自分はダメな
　人間だ。
・1人でなんとか
　しなければ。

仕事でのミス

強いストレス

・わかったふりを
　して,1人で
　がんばりすぎた。
・次は失敗する前に,
　上司に相談しよう
　と思う。

カウンセラーとの対話

認知行動療法

考えた解決策を試す
(上司に相談する)

心の問題をかかえたら

近年は，大人も子供も，心の問題をかかえる人が増加しているといいます。神経症やうつ病，心身症，睡眠障害，対人不安など，心の問題には多くの種類があります。

心の問題の原因の一つは，現代社会に特有の人間関係や環境などによる，長期的で強いストレスだといわれています。人間の心には本来，ストレスを感じたときに元の状態にもどろうとする力がそなわっています。しかし，あまりに長く強いストレスがつづくと，元の状態にもどることがむずかしくなってしまうのです。

学校や地域には，心の問題を相談できる，相談窓口があります。また，電話やSNSを使って，いつでも，どこからでも相談できる窓口もあります。「臨床心理士」の資格をもつカウンセラーを探せるウェブサイトもあります。**心の問題をかかえたら，自分ひとりだけで解決しようとせずに，信頼できる人に相談したり，実績のある機関に問い合わせたりすることを考えてみましょう。**

【電話やSNSなどの相談窓口の例】

相談窓口	説明	相談方法
こころの健康相談 統一ダイヤル	相談対応の曜日・時間は，都道府県によって異なります。	電話
よりそい ホットライン	24時間，通話料無料で対応しています。	電話
特定非営利活動法人 自殺対策支援 センターライフリンク	SNSやチャットなどによる自殺防止の相談です。	LINE・電話
特定非営利活動法人 東京メンタルヘルス・ スクエア	主要SNSおよびウェブチャットなどから，年齢・性別を問わず相談に応じています。	LINE・Twitter・Facebook・ウェブチャット・電話
特定非営利活動法人 あなたのいばしょ	24時間365日，だれでも無料・匿名です。	ウェブチャット
特定非営利活動法人 BONDプロジェクト	10代20代の女性のためのLINE相談です。	LINE・メール・電話
特定非営利活動法人 チャイルドライン 支援センター	18歳以下の子どものためのチャット相談です。	ウェブチャット・電話

注：厚生労働省のウェブサイト「まもろうよ こころ」をもとに作成

【臨床心理士を探す】

一般社団法人 日本臨床心理士会 「臨床心理士に出会うには」	日本全国の臨床心理士を，相談したい心の問題別に検索できます。	http://www. jsccp.jp/near/

注：臨床心理士は，日本臨床心理士資格認定協会が認定する民間の資格です。2018年度からは，国家資格である「公認心理師」の認定もはじまっています。

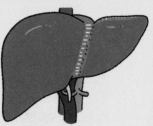

ニュートン式
超図解 最強にわかる!!

人体 病気編

2022 年 3 月下旬発売予定　A5 判・128 ページ　990 円（税込）

　脳，心臓，肺，胃腸，肝臓，膵臓……。私たちが生きていけるのは，人体にあるさまざまな臓器が役割を果たし，協調してはたらいてくれるからです。また，私たちが健康でいられるのは，人体にそなわっている免疫のシステムが，病原体から体を守ってくれるからです。

　しかし，臓器も免疫のシステムも，万能というわけではありません。かたよった食事や運動不足などがつづくと，臓器はこわれてしまいます。特定の異物がくりかえし体内に入ると，免疫のシステムは過剰に反応するようになってしまいます。人体が正常ではなくなった状態，それが病気なのです。

　本書では，人体のしくみと病気を，"最強に"わかりやすく紹介します。どうぞご期待ください！

余分な知識満載だコン！

40℃

主な内容

脳のしくみと病気

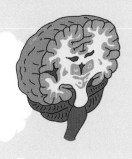

体よ動け！　脳はコントローラー
血圧の上昇で血管が破裂。脳出血

心臓のしくみと病気

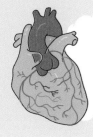

心臓は，全身に血液を送る筋肉のポンプ
心臓に血液が届かない。急性心筋梗塞

肺のしくみと病気

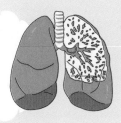

二酸化炭素と酸素の出入り口。それが肺
まちがいない！　肺がんの主な原因はたばこ

免疫のしくみと病気

侵入者発見！　病原体とたたかう免疫細胞たち
気管支ぜんそくは，気管支の気道がせまくなる

インフルエンザとかぜ，新型コロナ

似てる？　コロナウイルスは，王冠ウイルス
新型コロナウイルスは，気道の細胞に侵入

Staff

Editorial Management	木村直之
Editorial Staff	井手 亮, 竹村真紀子
Cover Design	田久保純子
Editorial Cooperation	株式会社 キャデック(高宮宏之)

Photograph

32	1995, Edward H. Adelson

Illustration

表紙カバー	羽田野乃花, NADARAKA Inc.のイラストを元に羽田野乃花が作成	73～75	NADARAKA Inc.のイラストを元に羽田野乃花が作成		M.F.,Olson, A.J. (2011). ePMV Embeds Molecular Modeling intoProfessional Animation Software Environments. Structure 19, 293-303), PubChem (Kim S, Chen J, Cheng T, Gindulyte A, He J, He S,Li Q, Shoemaker BA, Thiessen PA, Yu B, Zaslavsky L, Zhang J,Bolton EE. PubChem 2019), MSMS molecular surface(Sanner,M. F., Spehner, J.-C., and Olson, A.J. (1996) Reduced surface: anefficient way to compute molecular surfaces. Biopolymers, Vol. 38,(3),305-320)
表紙	羽田野乃花, NADARAKA Inc.のイラストを元に羽田野乃花が作成	77	羽田野乃花		
		79～87	NADARAKA Inc.のイラストを元に羽田野乃花が作成		
3～5	羽田野乃花	89～91	羽田野乃花		
6～7	羽田野乃花, NADARAKA Inc.のイラストを元に羽田野乃花が作成	93～95	NADARAKA Inc.のイラストを元に羽田野乃花が作成		
13～31	羽田野乃花	97～99	羽田野乃花		
33～62	羽田野乃花	101～103	NADARAKA Inc.のイラストを元に羽田野乃花が作成		
65	NADARAKA Inc.のイラストを元に羽田野乃花が作成	105～113	羽田野乃花		②：BodyParts3D, Copyright© 2008 ライフサイエンス統合データベースセンター licensed by CC表示－継承2.1 日本(http://lifesciencedb.jp/bp3d/info/license/index.html)
67	羽田野乃花	115	羽田野乃花(①),【肺, 腎臓, 血管】羽田野乃花(②)		
69	NADARAKA Inc.のイラストを元に羽田野乃花が作成	117～123	羽田野乃花		
70～71	羽田野乃花		①：分子モデル：PDBID HCY, ePMV(Johnson, G.T. and Autin, L., Goodsell, D.S., Sanner,		

監修(敬称略):
外島 裕(日本大学名誉教授, 日本応用心理学会名誉会員)

本書は主に, Newton 別冊『心理学 実践編』と Newton 2019年12月号特集『心理学 超入門』の記事を, 大幅に加筆・再編集したものです。

初出記事へのご協力者(敬称略):
大野 裕(一般社団法人認知行動療法研修開発センター理事長, ストレスマネジメントネットワーク代表)
大平英樹(名古屋大学大学院情報学研究科心理学講座教授)
関口 敦(国立精神・神経医療研究センター精神保健研究所行動医学研究部室長)
外島 裕(日本大学名誉教授, 日本応用心理学会名誉会員)
横田正夫(日本大学文理学部心理学科特任教授)

ニュートン式 超図解 最強に面白い!! 心理学

2022年3月5日発行

発行人　高森康雄
編集人　木村直之
発行所　株式会社 ニュートンプレス　〒112-0012東京都文京区大塚3-11-6
　　　　https://www.newtonpress.co.jp/